Collection Idées Jeux

2. Jeu de dames
3. Jeux scientifiques
4. L'album des nœuds
6. Le grand livre des petits bricolages
7. Cheval, mon dada
8. Jeux et fêtes aux couleurs du monde
9. Fêtes d'enfants
10. Mon livre d'activités manuelles
11. Maquillages en cinq minutes
12. Les pirates
13. Les Indiens
14. La fête est un jeu d'enfant
15. Indien de la tête aux pieds
16. Origami : le monde des animaux
17. Les chevaliers
18. Les dinosaures
19. Maquillages fantastiques
20. Bricolages faciles
21. Vive les vacances !
22. Les Égyptiens
23. Décors et bricolages de Noël
24. Les Romains
26. Décors et bricolages de Pâques
27. Décors et bricolages pour toute l'année
28. Découper, décorer : la fête en papier
29. Petits ateliers au fil des saisons
30. La musique et les petits
31. Noël au jour le jour
32. Premiers maquillages

COLLECTION IDEES JEUX

Décors et Bricolages de Pâques

FLEURUS IDÉES

Editions Fleurus, 11, rue Duguay-Trouin 75006 Paris

Sommaire

ŒUFS DE PÂQUES 54

COMPOSITIONS FLORALES 92

Avant-Propos

La plupart des gens savent bien que la protection de l'environnement est un problème primordial et que nous pouvons tous, dans une certaine mesure, y contribuer. Pourtant, les meilleures intentions sont souvent découragées par l'ignorance et l'habitude. Le respect de l'environnement, comme tous les autres types de comportement, doit s'apprendre dès l'enfance. Le milieu familial et l'école ont à cet égard un rôle capital à jouer. Par la peinture, le dessin, et le bricolage, l'enfant apprend à connaître et représenter le monde et la nature. Heureux de découvrir son environnement, l'enfant peut apprendre aussi à mieux le respecter.

Ce livre de bricolage de Pâques a pour but d'associer les travaux manuels créatifs et la protection de l'environnement. Cet objectif est tout à fait réalisable si on choisit bien le papier et le carton. En effet, il existe de nombreuses variétés de papiers recyclés. Les autres papiers doivent être utilisés avec parcimonie. Tout au long de l'année, on peut récupérer divers matériaux comme les chutes de papier peint, les vieux cartons, les emballages, les rubans de paquets cadeaux, les paquets de biscuits, les fleurs et plantes séchées etc.

Les enfants savent maintenant qu'il faut réduire le volume des déchets et économiser l'énergie et les matières premières. Ils apprennent à ne pas gaspiller et à réutiliser plusieurs fois des matériaux sans danger pour la nature (produits recyclés par exemple), à trier les déchets (containers de papier). L'un des principaux objectifs pédagogiques de notre entreprise vise à modifier le comportement du jeune consommateur.

Dans cet esprit, nous vous souhaitons beaucoup de plaisir pour la réalisation des idées de bricolage. La petite grenouille verte vous donnera des conseils écologiques très utiles.

Ingrid Bader

Lexique de l'environnement

Couleurs

Aquarelle

L'aquarelle est une peinture à l'eau à fini brillant. Elle se distingue par sa faible teneur en pigments et par son haut pouvoir colorant. Contrairement aux peintures opaques, elle laisse apparaître la toile ou un autre support. Dans le commerce, on trouve des aquarelles vendues sous les labels "CE", "NF" et "Health label".

Crayons de couleur et crayons à papier

Les crayons de couleur et à papier sont indispensables pour le bricolage. Les mines de crayon à papier ne sont pas toxiques. Elles ne contiennent pas de plomb, mais de la cire, du graphite ou de la graisse. Les crayons de couleur renferment en plus des colorants. Il faut donc se méfier des articles bon marché parfois à forte teneur en métaux lourds. Les marques françaises sont souvent moins nocives, surtout si elles portent le label NF. Cela vaut pour les mines et les vernis. Les crayons non vernis sont les moins dangereux pour l'environnement, et les porte-crayons permettent de les économiser.

Stylos-feutres

Les stylos-feutres contiennent parfois des solvants, des conservateurs et des colorants dangereux pour la santé, et leur gaine est en plastique. Il vaut mieux acheter des stylos à base de colorants et de conservateurs alimentaires.
Les stylos-feutres doivent toujours être utilisés avec parcimonie. Ils s'usent, sèchent vite et augmentent le volume de déchets de plastique.

Peinture au doigt

Tout comme les stylos-feutres et les crayons de cire, la peinture au doigt doit être conforme aux normes européennes. Les peintures au doigt qui portent la mention "Conforme aux normes" sont spécialement conseillées. En effet, elles contiennent des conservateurs et des colorants à usage cosmétique et alimentaire. Pour que les enfants ne portent pas ces peintures à la bouche, on a ajouté des substances amères. La teneur en métaux lourds de ces peintures est très inférieure à la norme européenne.

Colorants alimentaires

Les peintures pour œufs de Pâques sont régies par la réglementation sur les colorants alimentaires. Les colorants alimentaires sont sans danger pour l'environnement et remplacent très bien les colorants non toxiques traditionnels. Certains (E 102 jaune, E 161 orange et E 180 rouge) sont allergéniques. Pour de plus amples informations, consulter les listes de colorants alimentaires autorisés.

Peinture à l'huile

Les peintures à l'huile (pures) contiennent des pigments composés d'huiles végétales (huile de lin par exemple).
Dans les peintures à l'huile à base de résine, les résines servent de liant. Comme diluant, on ajoute parfois des huiles volatiles (essence de térébenthine) ou un produit du même type.
Les fabricants de peintures naturelles évitent maintenant d'employer l'essence de térébenthine comme diluant, en raison de son coût élevé.
On utilise plus souvent un produit de substitution qui émet des vapeurs dangereuses, et contient entre autres du toluène et du xylène. En outre, les peintures à l'huile renferment souvent des métaux lourds et sèchent lentement.
Il est impératif de surveiller les enfants quand ils utilisent ces peintures et de s'assurer que la pièce est bien aérée.
Même les peintures à l'huile à base de résine naturelle achetées dans une boutique de produits naturels peuvent provoquer des allergies chez les personnes sensibles.

Teintures d'origine végétale

Il existe aujourd'hui des peintures d'origine végétale particulièrement adaptées aux enfants. Elles contiennent des pigments et des liants végétaux (pastel, garance, ortie, indigo etc.), et sont vendues à l'unité ou par boîtes. Le label CE indique leur non toxicité.

On peut fabriquer soi-même ses bains de teinture, avec des feuilles (ortie, réséda, chêne), des fleurs (camomille, œillet d'Inde), des racines (garance, rhubarbe), et des fruits (brou de noix). Pelées, séchées, fraîchement coupées ou en poudre, il est en général facile de se procurer les matières premières pour préparer les bains de teinture (magasins de produits naturels, pharmacies). On trouve certains ingrédients à la maison (café, thé, pelures d'oignon), et d'autres dans la nature (fleurs de camomille, orties). A la maison, à l'école, on peut installer un petit jardin de plantes colorantes. Dans le commerce, on trouve aussi certains bois colorants (campêche, bois jaune, bois rouge, santal) qui donnent de jolies couleurs mais proviennent d'arbres tropicaux. Pour préserver la nature, il vaut mieux éviter d'utiliser ces végétaux exotiques.

Les teintures naturelles présentent de nombreux avantages. D'abord, ces matériaux sans danger pour l'environnement et pour la santé nous sont familiers, alors qu'on ignore la composition des peintures chimiques et leur résultat exact. En outre, les peintures chimiques sont monochromes, tandis que les produits naturels permettent de créer une infinité de nuances selon la durée de la coloration, la température et la texture de l'objet à teindre. Enfin, les couleurs végétales encouragent les talents créatifs : les petits artistes ont tendance à délaisser les modèles et les patrons, pour se laisser aller à imaginer leurs propres motifs.

Peintures acryliques

Ces peintures couvrantes et lumineuses se diluent dans l'eau. Elles sont vendues en tubes et portent les signes CE "Health Label". Elles sont sans danger pour l'utilisateur.

Pastels gras

Les pastels gras dont la gaine est en papier donnent des déchets moins volumineux. Ils doivent être composés de cire d'abeille et de kaolin (terre à porcelaine) utilisé dans l'industrie alimentaire ou cosmétique.

Gouaches

Cette peinture contient des liants à la colle solubles dans l'eau, sans huile, et se caractérise par une forte teneur en pigments (peinture opaque). Des études sur la teneur en métaux lourds des gouaches ont démontré leur non-toxicité. Pour plus de sûreté, vérifier que ces produits portent le label CE ou NF. Les boîtes de peinture métalliques et rechargeables sont recommandées.

Label de qualité

Depuis 1991, les marchandises et les produits conçus pour les enfants doivent être conformes à l'euro-norme EN 71/3. Cette norme interdit entre autres l'ajout de pigments contenant des métaux lourds, exige l'imperméabilité des peintures et des laques, limite à 50 % la teneur en substances humidifiantes pour les matières plastiques, et détermine les limites de sécurité contre les risques d'absorption.

Label de protection de l'environnement

La non toxicité des produits pour l'environnement est indiquée sur l'emballage par le label "respecte l'environnement". Si les critères d'appréciation ne semblent pas toujours assez larges, les labels CE, NF, "Health Label" et les labels de protection de l'environnement donnent pourtant des indications importantes sur la toxicité des produits pour la santé et l'environnement.

Colles

En raison de leur forte teneur en diluant, les colles peuvent être dangereuses pour la santé et la nature. Utiliser de préférence des colles pour travaux pratiques (bois, papier, carton, tissu) sans aucun solvant et ne présentant aucun danger pour les utilisateurs. Il existe également des bâtons de colle pour collages faciles, sans solvant, lavables à l'eau.

Papiers

Il existe de nombreux papiers conçus pour le bricolage et composés à 100 % de papier de récupération. La fabrication du papier recyclé demande moins de matières premières, mais aussi moins d'eau et d'énergie. En les utilisant, on contribue donc à la réduction du volume des déchets.
Il existe également des papiers à lettres et à dessin recyclés adaptés à la plupart des travaux manuels. On peut trouver aussi un grand choix de papiers-cadeaux recyclés. Les produits composés à 100 % de papier recyclé se reconnaissent à leur label "respecte l'environnement".
Les papiers spéciaux comme le papier calque ou le papier marbré par exemple, n'existent pas encore sous forme de produits recyclés. S'ils sont vraiment indispensables, on les utilisera avec parcimonie et si possible, plusieurs fois.

Récupération des déchets

Tous les matériaux non récupérables abîment l'environnement. Il faut donc absolument les réutiliser.
On évitera l'usage du plastique et du papier aluminium. Leur fabrication et leur recyclage usent beaucoup d'énergie et de matières premières, et la plupart ne sont pas entièrement recyclables.
Le papier, le verre et le métal doivent être triés et envoyés au recyclage.
Il ne faut pas laisser sécher la colle, la laque ou la peinture. Utilisez-les avec parcimonie. Si possible, les jeter dans des containers spéciaux après usage.
On peut conserver les matériaux naturels (plantes, fruits, brindilles, coquilles d'œufs etc.) pour fabriquer du compost.

DÉCORATIONS EN PAPIER

Le petit lapin construit un nid

Matériel

Papier fort mat (300 g/m2), format A3 (29,7 x 42 cm) ; papier-calque ; restes de papiers de couleur jaune, rouge et orange ; papier à dessin jaune, chutes de papier crépon vert.
Cutter, ciseaux pointus, crayon, règle, colle.

Marche à suivre

Dessiner un rectangle de 30 cm de large et 21 cm de haut sur le papier fort. Plier le rectangle en deux, de façon à ce

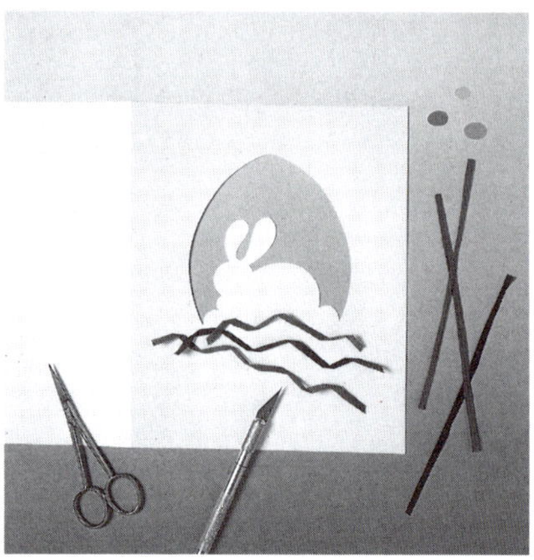

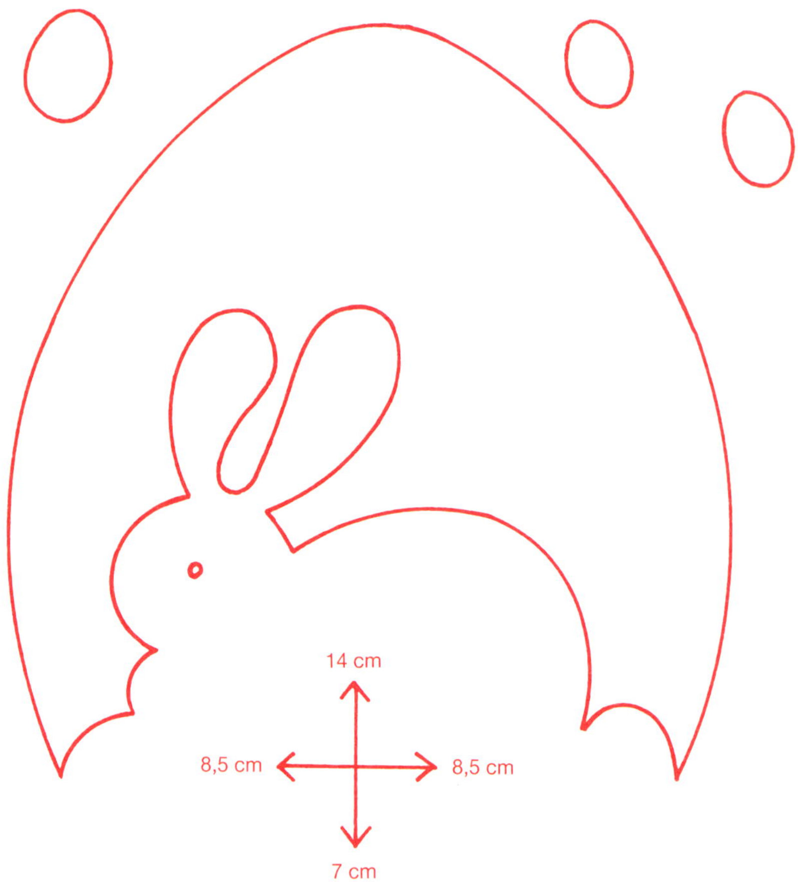

Écologie

La colle soluble à l'eau convient à la plupart des petits travaux de bricolage. Pour vos activités manuelles vous pouvez utiliser du papier recyclé. Il existe un large éventail de papiers à dessin, cartons pour bricolage et papiers cartonnés composés à 100 % de vieux papiers.

qu'une fois repliée, la carte mesure 15 cm de large et 21 cm de haut. Décalquer le motif du lapin de la page 12 sur la partie supérieure de la carte. Découper le motif avec les ciseaux, ou mieux encore, avec un cutter. Découper des petites bandes de papier crépon vert et coller. Découper plusieurs formes ovales dans le papier de couleur et coller. Recouvrir entièrement le troisième volet de la carte avec du papier à dessin jaune. Replier la carte suivant le pli central.

Les lapins danseurs

Matériel

Papier fort mat, 300 g/m2, format A2 (24 x 32); papier-calque; papier de couleur : ocre, orange, brun, bleu, fines bandelettes de papier vert.
Crayon, cutter, règle, ciseaux pointus, compas, colle.

Patron

Motif 1, page 112.

Écologie

Il est conseillé d'utiliser une règle en bois.

Marche à suivre

Plier en deux la feuille de papier fort. Décalquer le motif du patron une fois sur le dessus de la carte, puis une fois au dos. Découper les contours du motif de façon à évider le dos de la carte. Sur le dessus de la carte, découper le motif au cutter en ayant soin de ne pas couper sur les pointillés (lignes de pliage). Replier suivant les pointillés (le pli supérieur est un pli creux) pour donner du relief au sujet. Décalquer les tabliers, les têtes, les mains, etc. sur le papier à dessin. Découper et coller sur les lapins. Replier soigneusement les bords en s'aidant éventuellement d'une règle, et dégager la figure en trois dimensions. Poser la carte debout et décorer les paniers de petites bandes de papier vert. Travaillée des deux côtés, la carte convient parfaitement comme décoration pour la table de Pâques.

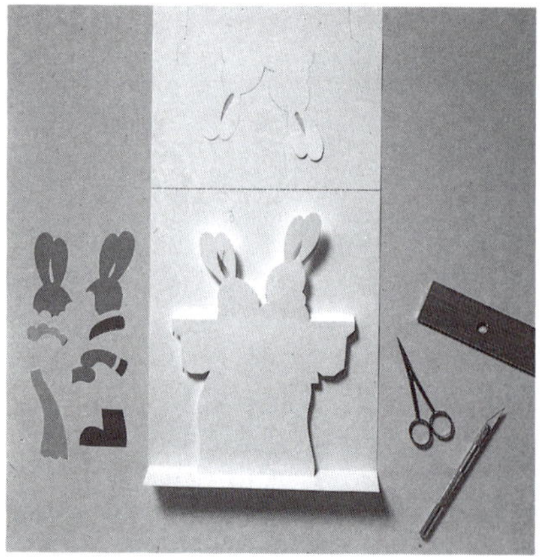

Joyeuses Pâques

Matériel

Cartes de correspondance ou papier fort jaune, orange, rouge et vert clair. Papier à dessin jaune, rouge, orange, brun, vert foncé et vert clair, bleu foncé et bleu clair, rose et noir (on peut utiliser des chutes de papier). Papier machine blanc.
Crayon, ciseaux, cutter, colle.

Patrons

Motifs 2 à 37, pages 112-113.

Marche à suivre

Décalquer tous les motifs sur le papier à dessin, découper les éléments et les coller sur le papier fort ou les cartes de correspondance (voir modèles de la photo). Quand la colle est sèche, découper soigneusement une partie de la silhouette le long des bords externes du motif.

Frohe
Ostern
Liebe Sophie

Carte fleurie

Matériel
Papier à dessin : vert (15x15 cm), violet (22x20 cm), blanc. Napperon en papier. Chutes de papier pour pliage. Ciseaux, crayon, colle.

Patrons
Motifs 38-42,
Page 114

Marche à suivre
Découper le vase et les feuilles dans le papier vert plié en deux. Pour les fleurs, utiliser des chutes de papier pour pliages (origami). Les motifs de cette carte se déplient de l'arrière vers l'avant.

VARIANTE
On peut réaliser les fleurs préférées du destinataire de la carte, et tenir compte de ses couleurs favorites.

Principe des cartes en relief
Les différentes parties du motif se replient quand on referme la carte, et se redressent quand on l'ouvre.
Ces cartes en trois dimensions sont très esthétiques.
Pour ces cartes en relief, on peut utiliser des cartes blanches ou de couleur pliées en deux, ou réaliser soi-même ses cartes avec une feuille de papier à dessin pliée en deux. Cette ligne de pliage est toujours la ligne de repère pour le motif.
En général, les cartes mesurent 22 cm de long sur 20 cm de large (10 cm une fois pliées).

Faire un pli d'environ 1 cm à la base du motif (surface d'encollage quadrillée), marquer le milieu en faisant un pli et découper une fente aux ciseaux. Encoller la surface quadrillée. Coller les deux parties du motif sur la carte, à la verticale, sur le pli central. La base du motif plié doit former un angle obtus.

Écologie
Trier et réutiliser les chutes de papier, puis les envoyer au recyclage.

Cartons de table et coquetiers

Tout le monde est enchanté par ces décorations de table, et les petits sont ravis de voir leur nom marqué à leur place, devant leur assiette. Les motifs conviennent aussi très bien pour les pochettes cadeaux.

Matériel
Papier à dessin brun, jaune, blanc, noir, bleu et vert. Chutes de papier peint blanc. Ciseaux, perforatrice de bureau, crayon, colle.

Patrons
Motifs 43 - 53
Pages 114 - 115

Marche à suivre
Décalquer les motifs sur une double épaisseur de papier à dessin et les découper. Confectionner les lapins et le poussin suivant la photo. Pour les buissons et l'œuf, veiller à ne pas découper l'extrémité des deux pointes latérales. Coller les lapins entre les deux parties des buissons, et le poussin dans sa coquille. Déplier un peu les buissons et l'œuf, et poser le carton de table à la verticale. Découper soigneusement le lapin-coquetier, en respectant bien les lignes de coupe du patron. Imbriquer les encoches l'une dans l'autre, sur le devant du lapin. Déposer un œuf décoré et quelques brindilles de papier vert.

Poussins coquetiers

Marche à suivre

Commencer par mesurer le contour des coquetiers, puis découper les “buissons” sur toute la longueur, de façon à pouvoir les assembler et les coller sans difficulté sur les coquetiers. Pour que les buissons soient plus faciles à assembler, enrouler plusieurs fois les bandes de papier sur l’index. Découper les poules et les poussins dans une feuille de papier à dessin jaune pliée en deux. Avec le crayon rouge, colorier les deux côtés des crêtes, des becs, des yeux, et des pattes. Coller soigneusement les poussins sur les buissons.

Matériel

Bristol vert.
Papier à dessin jaune (des restes suffisent).
Crayon, ciseaux, crayon rouge, colle.
Coquetiers.

Écologie

Utiliser des crayons à papier et des crayons de couleur en bois non laqués.

Patrons

Motifs 54 - 57
Pages 114 - 115

VARIANTE

On peut bien sûr coller ces motifs sur d’autres récipients, par exemple sur une coquille plus grosse dans laquelle on cache un peit œuf de Pâques pour les petits enfants.

Surprises de Pâques et arbustes printaniers

Matériel

Pour le lapin et le poussin : papier à dessin jaune, orange, rouge, brun, noir et vert (pour certains éléments des restes suffisent). Papier machine blanc.
Pour les arbustes : des branches. Papier fin pour pliages jaune, rose et vert.
Ciseaux, crayon, colle.

Patrons

Motifs 58 - 64
Pages 114 - 115

Marche à suivre

Les petits paniers : décalquer et découper le lapin et le poussin en double exemplaire, suivant les patrons.
Les plier et les assembler avec de la colle. Coller des herbes de papier vert des deux côtés des paniers. On peut remplir les paniers de petites surprises.
Pour les arbustes printaniers, découper un grand nombre de petites feuilles et de fleurs dans du papier pour pliages fin. Le nombre dépend de la taille des arbustes que l'on veut décorer.
Les fleurs jaunes sont composées de triangles isocèles : replier les deux pointes qui se font face sur la troisième (voir schéma page 115).

Écologie

Utiliser du papier machine et du papier à dessin recyclés !

Corbeille, poule et coq coquetiers

Matériel

Papier fort blanc. Papier à dessin rouge, jaune, orange, bleu, vert, et brun. Boîte à fromage ovale L = 14 cm, l = 8 cm, H = 3 cm. Papier calque. Ciseaux, cutter, crayon, colle.

Patrons

Motifs 65 - 76
Pages 116 - 117

Marche à suivre

Corbeille de Pâques : la base de la corbeille est une boîte à fromage ovale. Découper deux bandes de papier jaune de 2 cm de large et d'une longueur correspondant au pourtour de la boîte à fromage (36 cm environ). Découper 8 bandes brunes de 2 x 16 cm. Replier les bandes suivant les schémas que l'on trouve au bas de la page 116. Tresser un ruban avec les bandes verticales et horizontales, fixer les éléments avec de la colle et adapter la longueur du ruban à la boîte. Découper les deux bandes de l'anse du panier dans du papier jaune et du papier brun et coller.

Poule et coq : la marche à suivre est la même pour les deux coquetiers. Décalquer tous les patrons : schémas 66 à 71 pour le coq et dessins 72 à 75 pour la poule. Après avoir découpé toutes les pièces, assembler d'abord les corps blancs sur la surface d'encollage hachurée et coller les bandes d'herbe verte. Replier les paires d'ailes le long de la ligne de pliage, et découper les plumes de la queue avec un cutter. Une fois les ailes et les plumes de la queue terminées, coller les crêtes sur la tête. Ajouter un œil de chaque côté.

Lapins de Pâques

Matériel
Papier à dessin : brun clair et brun foncé, vert, rouge, bleu et jaune. Restes de papier-cadeau. Ciseaux, crayon, colle.

Patrons
Motifs 77- 81
Page 116

Marche à suivre
Les lapins sont découpés selon la technique des ribambelles. Découper une bande de papier à dessin brun dont la largeur est égale à la hauteur des lapins. On peut obtenir une ribambelle plus ou moins longue en décalquant soit six, soit huit lapins. Laisser 1 cm à une extrémité de la bande pour y appliquer la colle. Plier la bande en accordéon. Dessiner le lapin sur la bande de papier et découper trois ou quatre épaisseurs en même temps. Dessiner de nouveau le lapin sur la bande de papier, et découper les épaisseurs restantes.
Découper les bandes d'herbe dans du papier à dessin vert, selon la technique des ribambelles. Leur longueur et leur largeur doivent correspondre à celles de la bande de lapins. Coller l'herbe au bas de la ribambelle de lapins. Découper des œufs dans du papier cadeau ou du papier à dessin de couleur, et les coller sur les lapins.

VARIANTE
La ribambelle de lapins peut aussi servir à décorer une fenêtre. On peut rallonger la ribambelle de lapins en ajoutant une autre rangée. On peut aussi utiliser ces silhouettes de lapins pour décorer la table ou des cartes de Pâques.

Écologie
Il existe tout un choix de papiers-cadeaux recyclés.

Agneau pascal et guirlande de table

Matériel

Bristol blanc. Papier peint gaufré blanc (chutes). Papier à dessin : jaune, vert clair et vert foncé. Restes de papier à dessin brun et noir pour les yeux et la bouche :
Boîte à fromage ovale (L : 14 cm, l : 8 cm, H : 3 cm). Ruban jaune. Ciseaux, crayon, colle

Patrons

Motifs 82 - 93,
Page 117

Marche à suivre

Pour l'agneau, fabriquer deux patrons dans du bristol et dessiner les contours sur le papier peint gaufré. Pour le second patron, retourner le modèle, de façon à ce que le mouton regarde vers la droite. Recouvrir les patrons en bristol de papier peint gaufré. Coller les deux parties de l'agneau sur le fond de la boîte à fromage en commençant par le front. Découper les oreilles et les replier pour former un cône plat. Coller les yeux et la bouche des deux côtés de la tête. Nouer un ruban jaune autour du cou et faire une rosette décorative. Pour la guirlande de table, découper plusieurs bandes de 50 cm de long dans le papier à dessin vert clair. Plier une bande sur deux en accordéon (voir croquis 1 à 4), replier pour former un cercle et coller. Décorer chaque rosace avec une fleur en papier peint gaufré et en papier à dessin jaune. Découper des feuilles dans le papier à dessin vert foncé. Consolider les fleurs et les feuilles en collant sur l'envers des bandes de papier à dessin dont la longueur dépendra du nombre de fleurs. Pour décorer des serviettes de table, découper des fleurs et des feuilles en papier de couleur puis les coller sur des tiges.

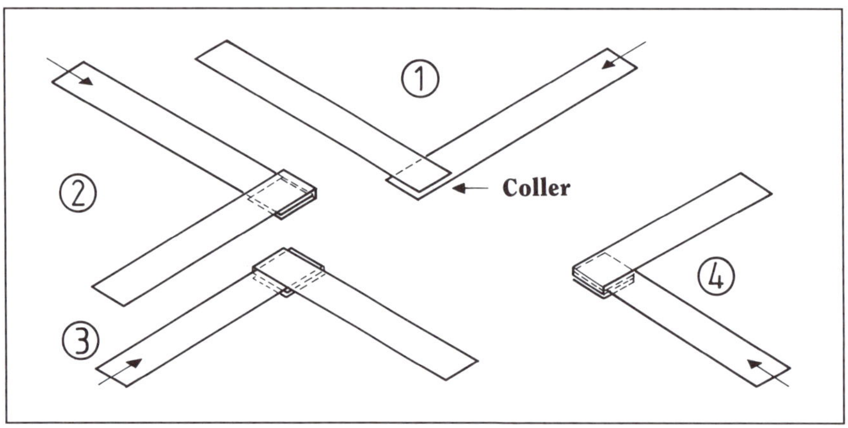

Couronne de narcisses

Matériel
Papier fort vert. Papier à dessin jaune, orange, et différentes teintes pour les papillons.
Ciseaux, cutter, perforatrice de bureau, crayon, colle.

Patrons
Motifs 94 - 98
Page 118

Marche à suivre
Coller les narcisses et les feuilles sur un arc de cercle en papier fort. Une goutte de colle suffit. Décorer les serviettes ou les paniers de Pâques remplis de petits cadeaux avec une fleur. Les papillons découpés dans des papiers de teintes différentes donnent une note encore plus colorée à la table du déjeuner ou du goûter de Pâques.
Découper les papillons dans une double épaisseur de papier. Découper les ouvertures internes avec le cutter et confectionner des petits cercles avec la perforatrice.

Écologie

En général, on se sert de ciseaux comme outil de coupe. Préférez les ciseaux en métal, sans matière plastique. Si vous utilisez des outils tranchants, veiller à ne pas les laisser à la portée des enfants.

Set de table de Pâques

Matériel

Papier fort jaune. Papier à dessin orange, brun, vert et jaune. Restes de papier à dessin noir, rouge. Restes de papier blanc. Papier à origami bleu, brun. Un rouleau en carton (papier absorbant par exemple). Ciseaux, cutter, crayon, colle.

Patrons

Motifs 99 - 113
Pages 118 - 119

Marche à suivre

SET

Décalquer la forme ovale du set (patron) sur le papier fort jaune.
Dessiner les lapins, l'herbe, les œufs et le soleil (cercle de 6 cm de diamètre, rayons : bandes d'environ 15 x 0,8 cm) sur le papier à dessin. Pour les nuages, utiliser du papier à origami. Découper tous les éléments, les disposer sur le set, puis les coller.

CARTON DE TABLE

Découper l'intérieur d'une des deux formes arquées avec le cutter, plier le long des pointillés et insérer la languette dans l'entaille, au dos de la carte. Coller le lapin, les œufs et l'herbe et inscrire le nom des convives.

COQUETIER

La base du lapin-coquetier est un rouleau en carton de 5 cm de diamètre recouvert de papier à dessin brun. Découper le corps du lapin suivant le patron, fixer le museau, les oreilles et les pattes et coller solidement le personnage sur l'anneau de carton. Pour le ventre du lapin, découper des cercles en papier à origami brun, les plier en deux et les coller les uns aux autres sur la ligne centrale en éventail. Coller le ventre sur le lapin.

Katrin

Fête de Pâques

CARTE D'INVITATION LAPIN

Matériel
Papier d'emballage ou à dessin : brun format A4 (21 x 29,7 cm). Papier à dessin rose, noir. Crayon de couleur noir, ciseaux, cutter, crayon à papier, papier calque, colle.

Patrons
Motifs 114 - 115, page 118

Marche à suivre
Plier la carte suivant le schéma ci-dessous. Avec du papier calque, reproduire la tête du lapin et découper. Dessiner les contours de la tête et des yeux avec le crayon noir. Décalquer et coller la partie interne des oreilles (rose) et les moustaches.

GUIRLANDES D'ŒUFS

Matériel
Papier à dessin blanc. Ciseaux, crayon, pastels gras, colle, fil de Nylon.

Patron
Motif 116, page 118.

Marche à suivre
Décalquer la forme de l'œuf sur une feuille format A4 et décorer à son goût avec les pastels gras. Découper et coller deux œufs dos à dos. Quand on a confectionné assez d'œufs, les fixer sur un fil de Nylon ou un ruban.

Écologie

Utilisez des pastels gras sans gaine en plastique et composés de cire d'abeille et de colorants à usage alimentaire ou cosmétique.

ŒUFS SETS DE TABLE

Matériel
Papier fort ou papier à dessin blanc. Ciseaux, crayon à papier, pastels gras de toutes les couleurs.

Marche à suivre
Dessiner un œuf de la taille voulue sur le papier fort ou sur le papier à dessin, découper et colorier à son goût.

Format A4 = 2 A5

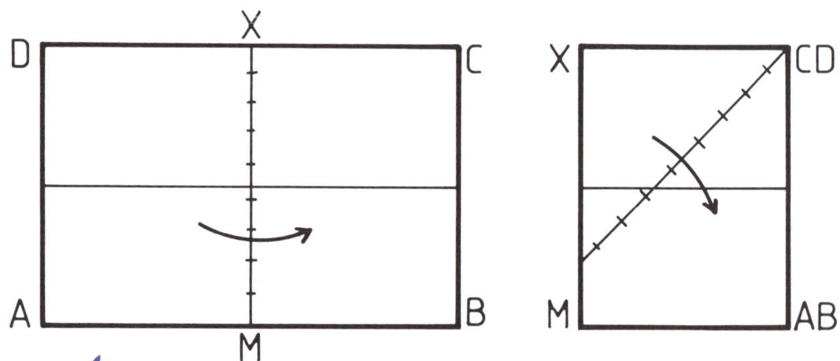

Conseils de pliage

Pour les cartes d'invitation-lapin

1. Découper le papier marron (format A4) en deux parties égales de façon à obtenir deux feuilles format A5 (21 x 14,85 cm).

2. Plier une feuille format A5 dans le sens de la largeur, puis de la longueur, marquer les plis.

3. Rabattre l'angle X de façon à le placer entre les lignes AB et CD, sur le bord externe de la feuille, et marquer les plis.

4. Déplier complètement la feuille.

5. Replier vers le bas suivant les lignes CZ, DZ et MZ.

6. Plier vers le bas suivant la ligne ZX et tirer vers l'intérieur. La carte se ferme automatiquement.

7. Découper les deux triangles.

8. Quand la carte est fermée, toute la surface hachurée en noir est cachée. Selon le thème de la fête, on imagine différents motifs, on les colle, et on découpe tous les éléments qui dépassent avec des ciseaux.

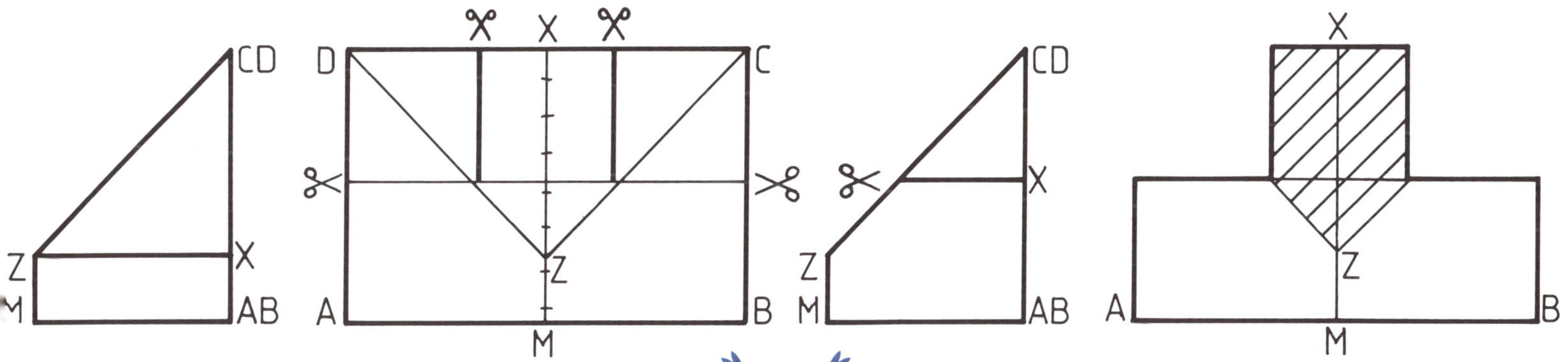

NARCISSES

Matériel
Papier fort jaune, blanc. Boîte à œufs. Bâtonnets. Ciseaux, crayon, colle. Peinture au doigt jaune, orange.

Patron
Motif 117
Page 119

Marche à suivre
Découper les fleurs suivant les patrons et détacher les alvéoles de la boîte à œufs. Colorer les alvéoles avec de la peinture au doigt, laisser sécher. Coller les alvéoles sur les fleurs. Fixer les fleurs sur les bâtonnets en bois.

Écologie

Utiliser de la peinture au doigt portant le label "CE" et conforme à l'euronorme EN 71/3.

PAILLE POUR BOISSONS

Matériel
Papier à dessin ou papier d'emballage brun. Papier à dessin rose, noir. Paille. Ciseaux, crayon, crayon noir, colle.

Patrons
Motifs 114 - 115
Page 118

Marche à suivre
Décalquer la tête du lapin sur le papier d'emballage ou le papier à dessin, le nez et la partie interne des oreilles sur le papier rose, et la moustache sur le papier noir. Découper. Dessiner les lignes du museau au crayon noir et coller les divers éléments comme sur le modèle. Laisser sécher. Coller la tête de lapin sur la paille.

CARTONS DE TABLE

Matériel
Papier fort violet. Papier à dessin : jaune, rouge. Cure-dents.
Ciseaux, crayon à papier, crayon de couleur noir, règle, colle.

Patrons
Motif 118, page 118.

Marche à suivre
Découper quelques carrés de 10 cm de côté dans du papier fort et les plier en deux en s'aidant d'une règle. Décalquer le poussin et ses ailes deux fois sur le papier jaune, et le bec une fois sur le papier rouge. Découper. Coller le cure-dents et le bec entre les deux épaisseurs de papier, les ailes de chaque côté du corps du poussin. Dessiner les yeux au crayon noir. Percer un trou dans le pli de la carte et y insérer le cure-dent poussin.

PANIERS-BOÎTE À ŒUFS

Matériel
Boîte à œufs (grand format). Ruban de Nylon. Ciseaux, colle.

Marche à suivre
Avec des ciseaux, découper les paniers dans la boîte à œufs. Couper un ruban de Nylon de 10 à 11 cm de long et le coller à l'intérieur du panier, des deux côtés (voir photo).

ŒUFS DE PÂQUES

Matériel
Papier fort de couleur et petites étoiles adhésives. Ciseaux, aiguille, fil, colle, crayons de couleur.

Patron
Motif 119, page 118.

Marche à suivre
Décalquer le patron de l'œuf sur le papier fort et découper. On peut décorer les deux côtés de l'œuf en y collant des petites étoiles ou en le coloriant avec les crayons. Avec une aiguille, passer le fil dans l'œuf et faire un nœud.

POUSSINS

Matériel
Papier à dessin jaune et rouge. Ciseaux, crayon à papier, aiguille, fil, crayon noir, colle.

Patron
Motif 118, page 118.

Marche à suivre
Comme pour le carton de table de la page 36 mais sans cure-dents. Avec une aiguille, passer un fil de la longueur voulue à l'endroit marqué d'un x et faire un nœud.

Matériel (1)
Papier à dessin ou papier d'emballage brun. Papier à dessin rose, noir. Ciseaux, crayon à papier, crayon noir, papier blanc ou boules de ouate, colle.
Voir matériel (1)

Matériel (2)
Papier fort de différentes teintes. Petites étoiles et petits cœurs adhésifs. Ciseaux, crayon à papier, crayons de couleur, épingle de broche ou de sûreté, colle.

Patron (2)
Motif 119
Page 118

Matériel (3)
Papier fort blanc et jaune. Boîte à œufs. Ciseaux, crayon à papier, épingle à nourrice, colle. Peinture au doigt : jaune et orange.

Patron (3)
Motif 120
Page 118

POCHETTES LAPINS DE PÂQUES

Voir matériel (1)

Marche à suivre
Plier une feuille de papier format A4 en deux, dans le sens de la largeur. Coller les bords latéraux puis la base, le haut restant ouvert. Laisser sécher un moment. Glisser la main dans la pochette et former le fond en rabattant les deux angles opposés vers le centre, pour donner du volume à la pochette. Coller et laisser sécher un moment. Bien aplatir la base de la pochette. Faire deux plis creux dans le haut et les pousser vers l'intérieur (voir photo). Bien écraser les plis entre le pouce et l'index.
Confectionner la tête du lapin comme pour les pailles de la page 36, et la coller sur la pochette. Avec de la colle, fixer une boule de papier blanc ou de ouate au dos de la pochette.

BROCHES EN FORME D'ŒUFS

Voir matériel (2)/patron (2)

Marche à suivre
Décalquer la forme de l'œuf sur le papier fort. Peindre ces broches ou les décorer avec des petites étoiles ou des petits cœurs. On peut fixer les couleurs (voir conseil écologique). Coller une épingle de broche ou de sûreté au dos de l'œuf et laisser sécher.
Si on veut suspendre cette broche à un bouquet de Pâques, il faut la décorer des deux côtés. Passer un fil avec une aiguille et faire un nœud (voir photo page 37).

PETITES BROCHES EN FLEUR

Voir matériel (3)/patron (3)

Marche à suivre
Découper les fleurs et les alvéoles de la boîte à œufs. Peindre les alvéoles avec de la peinture au doigt jaune ou orange et les coller au centre des fleurs (x). Coller l'épingle au dos de la fleur. Si on veut suspendre ces fleurs à un bouquet de Pâques, (voir photo page 37), faire passer une aiguillée sur le bord supérieur d'un pétale. Nouer le fil.

Matériel (1)

Papier à dessin blanc léger. Ciseaux, crayon à papier, crayons de couleur, papier calque, règle, crayon pour enrouler le papier.

Patrons (1)

Motifs 121 - 123 page 119

Matériel (2)

Papier fort blanc et couleurs assorties. Ciseaux, crayon à papier, crayons de couleur, colle, règle.

Patrons (2)

Motifs 121 - 122, 124 - 125 Page 119

CINÉMA MINIATURE FLEURS ET POUSSINS

Voir matériel (1)/patron (1)

Marche à suivre

Découper une bande de 20 x 7,5 cm dans le papier à dessin blanc. Le plier en deux de façon à obtenir deux rectangles de 10 x 7,5 cm. Décalquer l'œuf ou la fleur sur la feuille du dessus. Une fois le motif reproduit (l'œuf sans poussin ou la fleur à un seul pétale), avant d'ôter le papier calque, marquer de croix les coins de la mini-feuille. Décalquer votre motif sur la feuille du dessous : l'œuf avec le poussin ou la fleur avec ses trois pétales, en faisant coïncider les repères des quatre coins. Colorier les motifs. À la lumière, les deux œufs et les deux fleurs doivent être parfaitement superposés. Enrouler la feuille du dessus sur un crayon. Quand on tourne rapidement le crayon de haut en bas, on a l'impression que le poussin sort de son œuf, y rentre de nouveau et que la fleur s'ouvre et se ferme.

CARTES COULISSANTES

Poule qui pond et poussin qui sort de l'œuf.

Voir matériel (2)/patrons (2)

Marche à suivre

Découper un rectangle de 20 x 9 cm dans le papier de couleur et le plier en deux (10 x 9 cm). **Parties externes :** colorier et coller les motifs. Dans le papier fort, pratiquer une entaille de la largeur de l'œuf et de la tête du poussin. Coller les bords droit et gauche de la carte.

Parties internes : découper un rectangle de 12 x 8 cm dans le papier fort blanc. Découper et colorier la tête du poussin puis la coller à l'aide de sa languette au milieu d'une des largeurs du rectangle blanc. Laisser sécher. Introduire le rectangle dans la pochette colorée, et laisser apparaître un petit morceau de la tête du poussin. Quand on tire la feuille du dessus (voir flèches sur la photo), la poule pond un œuf, et le poussin sort la tête de sa coquille.

Écologie

En général, il n'est pas nécessaire d'utiliser un fixateur de couleurs. Le cas échéant, on peut appliquer une solution de cire naturelle, du vernis soluble à l'eau ou de la laque capillaire en aérosol.

Mobiles de Pâques

Matériel

Papier à dessin : jaune, orange, rouge, bleu et brun. Chutes de papier marbré beige. Papier fort : blanc, vert clair et vert foncé. Papier à origami : vert, violet et rouge. Ciseaux, crayon à papier, colle, crayons de couleur, fil à coudre blanc.

Patrons

Motifs 126 - 144, pages 120 - 121.

Marche à suivre

Les supports en papier fort blanc sont les mêmes pour les six motifs. Pour les décorations de fenêtres ou pour les mobiles composés de formes évidées, travailler sur une double épaisseur de papier, et décorer les deux faces de l'œuf.
Colorier les détails, les yeux et les crêtes par exemple, avec des crayons de couleur. Pour l'herbe du motif à deux poussins, découper de fines bandes de papier et les faire boucler en les passant sur une lame de ciseaux. Les papillons sont découpés dans du papier à origami de couleur vive. On trouve l'explication des papillons à la page 30.

coquille peinte

Oiseaux, abeilles et papillons

Matériel

Papier à dessin : rouge, jaune, bleu et brun. Papier à origami (ou papier fin) jaune, orange, rouge, brun, vert clair et bleu. Ciseaux, crayon à papier, fil à coudre, colle.

Patrons

Motifs 145 - 146
Pages 120 - 121

Marche à suivre

Choisir les couleurs du mobile de Pâques et découper plusieurs cercles (6 cm de diamètre) dans le papier à origami pour les ailes des oiseaux et des insectes. Coller les cercles comme sur le dessin, en formant une pointe. Pour le corps de l'abeille, enrouler un cercle en petit cylindre. Coller les ailes sur chaque forme de base, et confectionner les animaux. Y fixer enfin un fil pour pouvoir les suspendre.

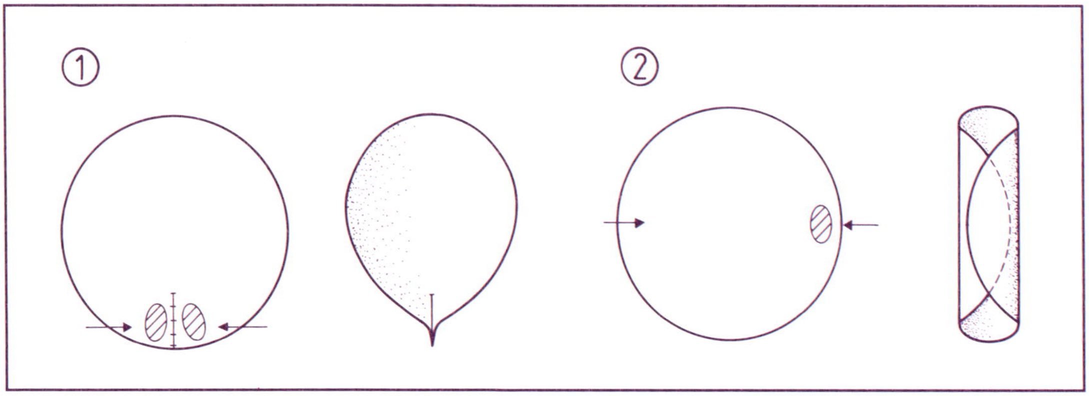

Oeufs de Pâques et petits bouquets

Les enfants de sept ou huit ans peuvent fabriquer ces petits bouquets sans difficulté. Les patrons sont là à titre d'exemple.

Matériel

Papier à dessin de différentes couleurs, œufs évidés.
Ciseaux, crayon à papier, colle, allumettes, fil.

Marche à suivre

En s'inspirant des modèles ci-dessus, découper une grande quantité de motifs dans le papier à dessin de couleur, pour pouvoir former un bouquet. Enrouler un fil autour des tiges des fleurs, y attacher une demi-allumette, et les glisser dans le trou pratiqué dans l'œuf évidé. Fixer avec une goutte de colle. Pour les faire sécher, placer les œufs dans des coquetiers. Pour conserver ou pour transporter les mobiles, il est conseillé de les ranger dans une boîte à œufs. Il suffit ensuite de redresser les bouquets en papier.

Des poules et des œufs

Matériel

Papier fort (300g/m2) jaune et blanc. Ciseaux, perforatrice, crayon à papier, colle, fil.

Patrons

Motifs 147 - 151, pages 120 - 121.

Marche à suivre

Découper une grosse poule, une toute petite, deux poules de taille moyenne et deux petites. Découper les neuf œufs dans une double épaisseur de papier blanc. Veiller à ce que les deux parties des œufs soient parfaitement identiques. Comme sur la photo, assembler les suites d'œufs avec un fil collé au centre. Pour réaliser une composition harmonieuse, disposer les œufs sur la table à intervalles réguliers avant de les coller.

Attacher les œufs en perçant un petit trou sous les poules et fixer un fil sur la crête. Poser les mobiles directement sur la vitre ou les accrocher au montant de la fenêtre.

VARIANTE

On obtient aussi un très joli mobile en suspendant une suite de poules. Il s'animera au moindre souffle d'air.

Bouquet de Pâques

Matériel
Papier fort blanc et différentes nuances de vert. Papier à dessin : rouge, jaune, orange, bleu, rose et noir (on peut utiliser des restes). Crayon à papier, ciseaux, colle, fil

Patrons
Motifs 152 - 177
Pages 122 - 123

Marche à suivre
Décalquer les fleurs, les feuilles et la coccinelle sur le papier de son choix, suivant les patrons. Décalquer l'œuf sur une double épaisseur de papier fort et découper tous les motifs. Passer les bandelettes de papier vert sur une lame de ciseaux pour les faire boucler. Rassembler tous les éléments en un joli bouquet printanier. Coller le bouquet sur l'œuf, et attacher le fil pour suspendre le mobile entre les feuilles et les fleurs. Superposer la bande verte et la seconde moitié d'œuf sur la première et coller. Pour terminer, coller la banderole (papier fort) et la coccinelle.

Oeuf de Pâques décoré

Matériel
Papier fort bleu. Papier à dessin jaune, rouge, vert clair, vert foncé, ocre. Crayon à papier, ciseaux, colle, pince à linge, fil bleu.

Patrons
Motifs 178 - 187
Page 123

Marche à suivre
Décalquer et découper tous les éléments. L'œuf est découpé en double exemplaire. Pour l'herbe, couper le papier vert foncé et vert clair en bandelettes longues et fines. Passer doucement ces bandelettes sur une lame de ciseaux pour les faire légèrement onduler. Faire une boucle avec une partie des petites bandes, et laisser pendre les autres. Maintenir les éléments avec une pince à linge jusqu'à ce que la colle soit sèche. La prochaine étape consiste à disposer les narcisses et les deux poussins. Coller le fil au dos de l'œuf. Superposer exactement la seconde partie de l'œuf sur la première et coller.

La poule et ses poussins

Matériel
Papier fort de couleur : jaune, vert foncé. Papier à dessin : rouge, blanc, jaune clair. Papier marbré (peau d'éléphant) : beige. Papier recouvert de feutrine orange. Papier à origami (chutes) : bleu. Crayon, ciseaux, colle, fil blanc.

Patrons
Motifs 188 - 197
Pages 124 - 125

Marche à suivre
Décalquer et découper tous les éléments. Coller la foule sur le motif vert foncé. De chaque côté, coller un faisceau de fines bandes de papier jaune. Coller ensuite les autres éléments : motifs beige, jaune d'or, jaune clair, trois poussins et deux coquilles d'œuf. Faire passer le fil dans un petit trou (à l'endroit indiqué sur le patron) et faire un nœud.

Petits lapins dans le buisson

Matériel
Papier à dessin : orange, ocre et brun. Crayon, ciseaux, cutter, machine à coudre ou fil et aiguille, colle (facultatif).

Patrons
Motifs 198 - 199, page 125.

Marche à suivre
Pour chaque élément, il est conseillé de préparer un patron solide. Décalquer les motifs du modèle sur du carton ou du papier. On peut bien sûr modifier les patrons au gré de sa fantaisie ou utiliser d'autres motifs.
Attention : pour plusieurs motifs similaires, les indications données pour un élément ne s'appliquent qu'à lui seul. On peut déterminer le nombre d'éléments.

Couture
À l'aide d'un patron, dessiner les motifs et découper le nombre d'éléments souhaité.
Coudre les motifs selon la ligne médiane. Respecter la ligne médiane et l'intervalle entre les motifs.
Pour un mobile plus coloré, choisir plusieurs teintes vives, découper les motifs dans plusieurs couches de papier, et coudre ces motifs au centre, très près les uns des autres, sans couper le fil. Fixer directement les fils du bas sur le motif et couper les extrémités. Nouer les fils du haut, qui serviront à suspendre le mobile. Replier soigneusement les éléments du motif et les parties internes, pour obtenir un mobile en trois dimensions.
Pour cette technique, il n'est bien sûr pas nécessaire d'utiliser une machine à coudre. On peut aussi prendre du fil et une aiguille et assembler les éléments comme on coud un cahier.

Autres méthodes d'assemblage
On peut aussi assembler les éléments avec de la colle. Plier en deux chaque feuille de papier, poser les demi-patrons le long de la ligne médiane, dessiner le motif, et découper soigneusement chaque élément. Déterminer la longueur du fil de suspension. Enduire un élément de colle, y poser le second, avec le fil de suspension et coller. Répéter l'opération pour les autres éléments.
Pour un mobile en trois dimensions, il faut au moins trois éléments identiques collés les uns aux autres. Passer un fil au centre.

VARIANTE
On peut rallonger les suites de motifs, les combiner, ou changer de couleurs.

Tulipes

Matériel
Papier à dessin de la couleur de votre choix, papier arc-en-ciel. Ciseaux, cutter, crayon, colle.

Patrons
Motifs 200 - 201, pages 124 - 125.

Marche à suivre
Les motifs de fleurs sont des figures de base qui permettent de s'entraîner, de se familiariser avec les méthodes de travail et les dégradés de couleurs. On cherchera des couleurs assorties dans le papier arc-en-ciel. Dessiner au dos des figures et découper les fleurs. Les tulipes s'utilisent seules ou pour décorer un bouquet de printemps.

Écologie

Il n'existe pas de papier coloré, transparent marbré, etc. à base de papier recyclé. Il faut donc en user avec parcimonie et essayer de les réutiliser.

ŒUFS DE PÂQUES

Préparer les œufs

La décoration et la teinture des œufs est une vieille tradition pascale que les enfants adorent. Il existe dans de nombreuses villes des magasins spécialisés où l'on peut trouver des informations et des idées pour confectionner des œufs décorés. Les œuvres d'art exposées dans ces boutiques sont souvent trop difficiles à réaliser, surtout pour les enfants. De la page 62 à la page 65, nous proposons des techniques simples et accessibles aux jeunes enfants. L'aide des adultes leur sera néanmoins nécessaire. Les plus grands pourront se débrouiller seuls.

Préparation

Avant de commencer à décorer les œufs, il faut préparer le travail et connaître quelques astuces.

Achat des œufs

En principe, on peut décorer tous les œufs d'oiseaux. Les œufs de poules sont les plus faciles à trouver et les moins chers. Avant de les acheter, vérifier que la coquille est parfaite, ni grenue, ni fendillée, ni striée, ni bombée. Si on choisit des œufs de poule blancs ou bruns, la technique sera différente selon que l'on préfère les contrastes très nets ou les teintes transparentes. On achètera des œufs de poules élevées en liberté, dans la nature. En général, leurs coquilles sont plus belles et plus solides. La coquille des œufs bruns est toujours plus lisse et plus résistante.

Matériaux de décoration

Pour décorer les œufs, on peut utiliser les matériaux les plus divers : de la peinture, des crayons de toutes sortes, du tissu, de la cire, du papier, des perles, de la laine, des plantes etc. Le choix des matériaux dépend de la technique que l'on préfère adopter.

FORMES D'ŒUFS
De l'œuf de poule à l'œuf d'autruche, plus rare.

Outils

Pique-œuf ou aiguille à tricoter fine, tournevis cruciforme N°3, aiguille à coudre fine.

Nettoyage des œufs

Commencer par laver chaque œuf de poule à l'eau tiède et savonneuse. Pendant le nettoyage, il ne faut pas frotter la coquille, car les griffures se voient même après teinture. Après le lavage, il faut manipuler l'œuf avec des mains propres car les traces de graisses empêchent la teinture d'adhérer.

Évidage

Si on veut suspendre l'œuf à une branche, il faut d'abord l'évider. Percer un petit trou au sommet de chaque œuf avec l'aiguille. Placer un tournevis cruciforme sur l'orifice et l'élargir à la taille voulue en faisant tourner le tournevis. On obtient un trou bien rond. Mélanger le contenu de la coquille avec une aiguille à tricoter fine pour faciliter l'évidage. Vider l'œuf en soufflant dans l'un des trous. Remplir la coquille d'eau, secouer, et souffler de nouveau. Répéter l'opération le nombre de fois nécessaire, jusqu'à ce que l'eau ressorte parfaitement propre. Tout résidu d'œuf risque de se décomposer et de dégager une mauvaise odeur. Laisser sécher la coquille.

Outils pour la décoration

En principe, on peut tenir l'œuf à la main pendant la décoration. Mais pour certaines techniques comme la teinture, la peinture et le dessin, il faut éviter de toucher aux couleurs pour ne pas risquer de les effacer. On se procurera donc certains outils. Fixer un petit élastique sur le tiers supérieur d'un bâtonnet en bois et embrocher l'œuf de façon à ce qu'il ne puisse pas glisser. Pour l'immobiliser, fixer un petit morceau de gomme ou de bouchon au sommet du bâtonnet.
Pour peindre et faire sécher l'œuf, planter le bâtonnet dans une boule de pâte à modeler, un pot de fleurs plein de terre etc.

Écologie

Acheter des œufs de poules élevées en liberté. Le vérifier sur le paquet.

Traitement des coquilles

Une fois décoré, l'œuf peut être traité. Ses couleurs seront ainsi plus intenses (plus lumineuses), et ne passeront pas.

Vernis

Si on veut recouvrir l'œuf d'un film protecteur, ce qui est parfois nécessaire pour protéger son "œuvre d'art", on peut le vernir. Éviter le vernis en aérosol, même sans CFC. Les vernis solubles à l'eau existent aussi en flacons (à étaler au pinceau). Il est bien sûr un peu plus difficile et plus long de vernir l'œuf au pinceau, mais à l'heure actuelle, c'est encore la méthode la moins nocive pour l'environnement.
Il vaut mieux commencer par tester les vernis solubles à l'eau, pour vérifier que les couleurs ne coulent pas. Dans le cas contraire, on n'appliquera qu'une très fine couche de produit. Répéter l'opération quand le vernis est sec.
Pendant le vernissage, travailler dans un local bien aéré, ou mieux encore, en plein air.

Polissage

Si on souhaite que son œuf soit simplement poli, on peut ne pas le vernir. Frotter alors les œufs décorés à suspendre avec un peu de cire naturelle incolore ou un peu de graisse, et polir avec un chiffon doux. Les œufs deviennent ainsi lustrés et mats. Les œufs de Pâques cuits et destinés à être mangés seront simplement frottés avec un peu de graisse, de la couenne par exemple.

Fixation

Il y a plusieurs possibilités :

1. Au centre d'un morceau d'allumette d'environ 2 cm de long, nouer un fil solide ou un fil à tricoter fin. Pour plus de sécurité, fixer le nœud avec une goutte de colle. Insérer l'allumette dans le trou de l'œuf. Lorsqu'on tire sur le fil, le morceau d'allumette se met en travers de l'œuf et n'en sort plus.

2. À l'aide d'un passe-lacet, traverser l'œuf de bas en haut en y passant la boucle d'un ruban fin.

Pour que le ruban ne glisse pas, faire un nœud en dessous de l'œuf, ou fixer directement une rosette sous l'œuf.

3. Faire un nœud sur un fil à coudre et passer le nœud dans une perle assez grosse. Traverser l'œuf avec le fil à l'aide d'un passe-lacet ou d'un petit morceau de fil de fer muni d'une boucle. La perle maintient l'œuf. Si on veut être sûr que le dispositif ne bougera pas, coller une seconde perle sur l'orifice supérieur de l'œuf.

Possibilités de décoration

Si les bouquets d'œufs de Pâques sont spectaculaires, il y a une foule d'autres idées de présentation. Un panier tapissé de foin ou un joli bol rempli de graines font un décor idéal pour votre petite œuvre d'art. Sur une table ou un buffet, les œufs décorés attirent le regard. Les graines comme le colza (brun foncé), le tapioca (blanc), le lin (brun clair), l'avoine (jaune), le riz (blanc cassé), les lentilles (brun) etc. peuvent servir de support. Les grosses graines ne sont pas stables, et les petites risquent de passer par les trous des œufs. Si on n'a pas la place de faire de gros bouquets, on peut planter les œufs sur des bâtons fins (des rubans de couleurs fixés sous les œufs les empêchent de glisser), et décorer le bout du bâton avec une perle collée. Ces œufs sont d'un bel effet mélangés à des branches vertes, du hêtre par exemple, ou à un bouquet de fleurs dans un vase ou un pot.
Il ne faut jamais mettre les œufs près d'une fenêtre, directement à la lumière du soleil qui fait pâlir les couleurs.

Conservation des œufs

Quand les fêtes de Pâques sont passées, on range les décorations jusqu'à l'année suivante. On peut les conserver dans des boîtes à œufs. Ranger les boîtes à l'abri du froid et de la chaleur, dans une armoire ou un tiroir par exemple.

Écologie

Les fabricants de teintures naturelles proposent des émulsions à base de résines naturelles qui permettent de renforcer les teintes ou de fixer les couleurs. Veiller à n'acheter que du vernis soluble à l'eau qui porte le label "respecte l'environnement".

Marbrer avec des teintures naturelles

Œufs

Œufs blancs durs ou évidés.

Matériel

Papier de soie blanc absorbant ou papier absorbant ménager.
Diverses teintures naturelles.
Laine, vernis, cire ou graisse de lard.
Casserole émaillée, cuillère à soupe en métal inoxydable.

Avec les teintures naturelles achetées dans une pharmacie ou une un magasin de produits naturels, on obtient de très jolies couleurs, selon la durée de la coloration.
Garance : couleurs rouges.
Rose trémière et pavot : violet.
Fleurs de camomille : couleurs jaunes.
Thé du Paraguay : teintes vertes ou jaunes.
Racine de ratanhia : couleurs orange.
Pelures d'oignons (blonds) : du jaune au brun.

Avec les teintures naturelles, on peut aussi confectionner de merveilleux œufs de Pâques marbrés.

Marche à suivre

Prendre la feuille de papier de soie (environ 30 x 30 cm) dans une main, et la badigeonner avec un peu de teinture. Poser l'œuf sur la feuille et bien maintenir le papier. Ajouter un peu de teinture entre l'œuf et le papier et la répartir avec la main. Procéder ainsi jusqu'à ce que l'œuf soit entièrement recouvert de papier. Enrouler le reste de papier autour de l'œuf et fixer avec un fil de laine humide.
Faire chauffer les œufs dix minutes dans l'eau, puis les passer sous l'eau froide. Vernir les œufs à suspendre et polir ceux que l'on veut manger.
Si on préfère les œufs plus colorés, on peut mélanger les teintures ou badigeonner les œufs de plusieurs couches de couleurs différentes. Les œufs traditionnels sont teints avec des mûres et des pelures d'oignons, de la garance ou du brou de noix.

Écologie

Certaines teintures végétales (campêche, bois rouge, bois jaune, santal) sont composées de bois tropicaux. *Voir pages 66 à 71.*

CONSEIL

Utiliser très peu de teintures naturelles car elles sont très colorantes. Cependant elles résistent mal à la lumière, et évoluent avec le temps, ce qui ne nuit en rien à la beauté des œufs.

Peinture à la détrempe

Une technique pour les très jeunes enfants.

Œufs
Œufs évidés blancs, bruns ou colorés.

Matériel
Peintures à la détrempe de différentes couleurs. Brosse (pinceau) ou vieille brosse à dents, tamis pour peinture au pistolet (magasins de bricolage), vieux coquetiers, vieux journaux.

Marche à suivre
Poser l'œuf et le coquetier sur les journaux. Avec le pinceau ou la brosse à dents, recouvrir le tamis de peinture. Maintenir le tamis au-dessus de l'œuf et laisser couler la peinture. Quand la première couche de peinture est sèche, rincer le pinceau ou la brosse, et répéter l'opération avec d'autres couleurs. Quand l'un des côtés de l'œuf est terminé, on peut peindre l'autre côté, puis éventuellement, vernir l'œuf.

CONSEIL
Ne pas mettre trop de peinture sur le pinceau ou la brosse pour ne pas risquer la formation de cloques.

Écologie
Utiliser des peintures sans solvant. Dans les magasins de produits naturels, on trouve des peintures à la détrempe à base de glycérine, de pigments utilisés dans l'industrie cosmétique et pharmaceutique, de conservateurs pour produits alimentaires et dont l'agent diluant est composé exclusivement d'eau.

Tampons

On peut imprimer des motifs à l'aide d'objets peints, des pommes de terre par exemple.

Œufs
Œufs évidés bruns ou blancs.

Matériel
Une pomme de terre de taille moyenne, peintures à l'eau. Couteau pointu, pinceau.

CONSEIL
Pour ce travail, il faut éviter que les enfants manipulent le couteau. Les adultes doivent impérativement être présents.

Marche à suivre
Découper un tampon dans la pomme de terre. La surface du tampon doit mesurer environ 1 x 1 cm. Découper la forme souhaitée avec le couteau et imprimer la coquille de l'œuf avec ce tampon. Plus les motifs sont variés, plus les œufs de Pâques sont intéressants une fois terminés. Quand on utilise des peintures à l'eau, il faut vernir les œufs pour que les couleurs tiennent.

Écologie
Pour les travaux de bricolage et de peinture effectués avec des enfants, préférer les peintures à l'eau qui portent le label CE, NF ou "Health Label". Les boîtes métalliques rechargeables permettent de réduire les déchets.

Collages

CONFETTIS

Cette technique est conçue pour les jeunes enfants.

Œufs
Œufs évidés blancs ou bruns.

Matériel
Papier de couleur, colle pour papier peint pas trop épaisse ou colle blanche semi-liquide, sans solvant. Perforatrice de bureau, crayon blanc, chiffons.

Marche à suivre
Découper des confettis avec la perforatrice. Recouvrir l'œuf d'une fine couche de colle et coller les confettis. Esquisser un motif au crayon blanc. Essuyer les restes de colle avec un chiffon propre. Laisser sécher l'œuf.

MORCEAUX DE PAPIER

Les enfants de maternelle peuvent décorer ces œufs puisqu'il n'y a pas besoin d'outils.

Œufs
Œufs évidés blancs ou bruns.

Matériel
Différents papiers déchirés en petits morceaux, colle à papier peint pas trop épaisse ou colle blanche semi-liquide sans solvant.

Marche à suivre
Enduire l'œuf de colle et coller les morceaux de papier. Retirer le reste de colle. Laisser sécher l'œuf. Il n'est pas nécessaire de vernir, mais rien n'empêche de le faire.

Teintures naturelles

Bricolages de Pâques
Fleurus 1994

La teinture

Préparer des extraits de teinture puis teindre les œufs est passionnant. Les tableaux (voir pages 66 à 70) indique :
- les propriétés des matières premières que l'on récolte soi-même,
- le choix de matières premières que l'on trouve chez le pharmacien, chez l'herboriste ou dans les magasins de produits naturels,
- l'effet produit par un clou rouillé ou une poignée de vis en acier,
- les effets obtenus en mélangeant les extraits, et les expériences que l'on peut faire avec du lierre, des orties, des myrtilles, etc. On est toujours surpris des possibilités que l'on découvre.

Teintures végétales

Jaune
Achillée (jaune foncé)
Pelures d'oignon (jaune, du brun clair au brun moyen)
Thé du Paraguay (jaune, du vert olive au vert clair)
Fleurs de camomille, pas d'infusion (jaune)
Erable (jaune doré)
Absinthe (brun doré, jaune doré, vert-jaune)
Tanaisie (jaune-vert soutenu)
Mûre (jaune orangé foncé, brun)

Brun
Café (brun foncé)
Absinthe (du jaune au brun)
Feuille de noyer (brun foncé profond)
Chou (du vert olive foncé au brun)
Ecorce de saule (brun rougeâtre)
Ecorce de bourdaine (brun)

Vert
Prêle (vert-jaune tendre)
Minium (du vert olive au vert clair, jaune rougeâtre)
Graines de caroube (vert jaune)
Thé du Paraguay (du vert olive au vert clair)

Bleu
Baies ou jus de baies de sureau (gris-bleu et noir bleuté avec un clou en acier)

Rouge
Pelures d'oignon et vinaigre (rouge)
Cochenille (rouge, rose, mauve)
Racine de garance (attention : donne un rouge de couleur très intense, utiliser avec parcimonie), (rouge, rose, brun-rouge ainsi que des tons intermédiaires).

Violet
Rose trémière (bleu violet)
Herbe (gris clair)
Fleur de souci (du jaune au brun).

Mélanges de teintures

Orange
Garance + écorce de bourdaine (orange foncé, rouge orangé et brun rouge)
Rose trémière + pavot (violet rouge)

Violet
Rose trémière + pavot (du violet rouge au violet bleuté)

Rouge
Cochenille + garance (rouge lumineux)
Garance (un peu) + pelures d'oignon (rose)
Mûres + pelures d'oignon (brun rouge)
La garance convient bien pour les mélanges de plusieurs nuances de rouge.
Garance
+ rose trémière (du violet bleuté au brun)
+ pelures d'oignon (du rose au brun rosé)
Pour les roses, ne pas faire cuire !
+ noix (brun rouge)
+ écorce de bourdaine (brun rouge)
+ camomille (du orange au rouge)
+ thé du Paraguay (rouge rosé, rouge, vieux rose)

Vert
Pelures d'oignon + rose trémière (vert intense, vert mousse)
Thé du Paraguay + rose trémière (vert olive, vert intense)

Bleu
Rose trémière + mauve (gris bleuté)
Jus de baies de sureau + pelures d'oignons
(dégradés de couleurs du gris au bleu, et plusieurs nuances de brun)

Il faut toujours mélanger les couleurs et les faire chauffer ensemble, ne jamais mélanger les extraits.

Tous ces matériaux naturels s'achètent chez l'herboriste.

Extraits de teintures
Pour être sûr du résultat, peser tous les matériaux naturels, sauf les poudres (café, thé). Après le trempage, remplir une vieille casserole d'eau, y ajouter les plantes, porter le mélange à ébullition et faire chauffer suivant les recommandations. Passer la décoction dans une passoire. Le bain de teinture est prêt.

Marche à suivre
Fleurs, feuilles, fruits : laisser tremper quelques heures. Pour 50 à 100 g, compter de 1 à 2 litres d'eau. Faire cuire la décoction pendant 1/2 heure environ.

Racines, écorces : laisser tremper toute la nuit. Pour 50 à 100 g, compter 1 à 2 litres d'eau. Faire chauffer la décoction environ 1 heure.
Poudres : pour 3 à 4 cuillerées à café, compter 1/2 litre d'eau. Faire chauffer la décoction 1/2 heure environ.
Thé + café : de 30 à 50 g, temps de cuisson : 20 minutes.

Les additifs modifient les teintures.
Les clous, les vis ou la limaille d'acier modifient les couleurs.
Cependant, il vaut mieux ne pas utiliser d'additifs chimiques. Les teintures pour laine ou pour tissus sont parfois nécessaires. Sur les œufs de Pâques, elles donnent des teintes plus intenses.

Teinture végétale : mode d'emploi

Matière première	Quantité	Eau	Trempage
Fleurs de camomille racines d'ortie	6 c. à soupe	1 l	qques heures
Aigremoine	50 g	1-2 l	qques heures
Pelures d'oignon	1 tasse	1 l	aucun
Absinthe	50 g	1 l	qques heures
Feuilles de bouleau	2 tasses	1 l	qques heures
Thé de Paraguay non grillé	5 c. à soupe	1 l	qques heures
Prêle	1 tasse	1 l	qques heures
Graines de caroube	1 tasse	1 à 1,5 l	qques heures
Tanaisie	50 g	1 à 2 l	qques heures
Feuilles d'érable	1 à 2 poignées	1 l	qques heures
Achillée	1 tasse	1 à 1,5 l	qques heures
Feuilles de noyer	1 à 2 c. à soupe	1 l	qques heures
Menthe de Nte Dame	30 à 50 g	1 l	qques heures
Écorce de bourdaine	30 g	1 l	une nuit
Rose trémière	50 g	1 l	une nuit
Mûre sauvage	50 g	1 l	une nuit
Écorce de roseau	50 g	1 l	une nuit
Baies de sureau (mesure d'1 l)	à ras bord	1 l	une nuit
Thé et café	30 à 50 g	1 l	-

Cuisson	Coloration à chaud	Coloration à froid	Couleur
30 mn	1 à 30 mn	10 à 30 mn	jaune clair à foncé
30 mn	10 à 30 mn	10 à 30 mn	jaune rosé
30 mn	1 à 30 mn	5 à 30 mn	jaune brun intense
30 mn	1 à 30 mn	5 à 60 mn	jaune vert
20 mn	1 à 30 mn	5 à 60 mn	jaune, vert
30 mn	1 à 30 mn	5 à 30mn	vert olive, vert
30 mn	1 à 30 mn	5 à 60 mn	vert jaune vif
30 mn	1 à 30 mn	5 à 60 mn	gris, beige, vert doré
30 mn	5 à 30 mn	5 à 60 mn	vert jaune vif
30 mn	1 à 30 mn	5 à 60 mn	brun clair jaune vif
30 mn	1 à 30 mn	1 à 30 mn	jaune
30 mn	1 à 60 mn	1 à 60 mn	nuances de brun
30 mn	1 à 60 mn	5 à 60 mn	brun, vert olive
60 mn	1 à 60 mn	5 à 60 mn	brun
30 mn	1 à 60 mn	5 à 60 mn	bleu, gris, noir
30 mn	5 à 60 mn	5 à 60 mn	orange, brun
60 mn	1 à 60 mn	5 à 60 mn	brun rouge
60 mn	5 à 60 mn	5 à 60 mn	brun pâle, bleu, gris
20 mn	1 à 30 mn	5 à 30 mn	couleur café

Les teintures peuvent donner des résultats variables, tout dépend de la qualité de la coquille, du temps de trempage, de la température des bains de peintures, etc.

CONSEILS POUR LES SPÉCIALISTES
Pour chaque expérience avec les éléments naturels, il faut d'abord dresser un tableau comme celui-ci et y inscrire toutes les informations ainsi que le résultat des teintures. Une photographie en couleur complète la description que l'on pourra consulter ultérieurement et permet d'échanger des idées avec d'autres spécialistes.

Produits naturels/Résultats

Produits naturels	Résultats
1 Thé du Paraguay	vert olive à vert clair
2 Pelures d'oignons	jaune, brun clair à foncé
3 Fleurs de camomille	jaune
4 Rose trémière, fleur de mauve (fort), feuilles de noyer	du bleu au bleu violet
5 Minium	jaune rouge, vert olive à vert clair
6 Tanaisie	vert foncé soutenu
7 Achillée	jaune doré
8 Baies de sureau	jaune orangé au brun
9a Baie de sureau + pelures d'oignon	brun rouge foncé
9b Noix	brun foncé
10 Garance (peu) + camomille	vieux rose
11 Teinture avec papier de soie	marbrés (voir p.60)
12 Noix	brun chatoyant
13 Garance + noix + écorce de bourdaine	du brun roux au brun
14 Rose trémière + noix	bleu violet pâle à foncé
15 Écorce de bourdaine + garance	orange, vieux rose, rouge, orangé moiré
16 Garance (peu) + pelures d'oignon	rose
17 Noix	brun/or foncé marron
18 Rose trémière	bleu foncé
19 Garance + écorce de bourdaine	orangé moiré brun et roux
20a Cochenille + garance	rouge orangé au rouge vif
20b Sans teinture	
21 Thé du Paraguay + rose trémière	olive, vert vif (moiré)
22 Pelures d'oignons + 1 c. à soupe d'alun	rose, rouge, violet rouge
23 Garance	rouge moiré, rouge, rose, brun rouge
24 Camomille	jaune clair au vert olive moiré

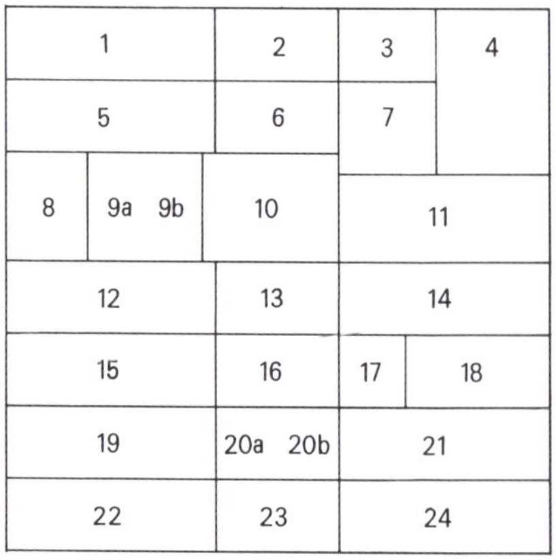

Décorer à l'aquarelle et à la peinture à l'eau

Qu'il s'agisse de dessins fins et délicats à l'aquarelle ou de motifs stylisés, chaque sujet trouve ici son style.

Matériel

Aquarelle et peinture à l'eau, teintures naturelles pour le fond. Pinceaux de poil de martre ou de petits-gris, crayon à papier, une feuille de papier format A4.

Préparation

Évider les œufs. Les œufs de canards et d'oies, en particulier, sont souvent très sales, et doivent être soigneusement nettoyés. Il ne doit rester aucune trace de gras pour la teinture et la décoration.

Marche à suivre

TEINTURE

La nature a donné à certains œufs une coquille intéressante qu'il est parfois dommage de teindre, par exemple les œufs de poule bruns, les œufs de dinde tachetés de beige clair ou les œufs de canard verdâtre. Les œufs blancs par contre peuvent être teints avec des produits naturels (garance, baies de sureau, pelures d'oignons) ou des teintures spéciales conçues à base de colorants alimentaires.

Les coquilles d'œufs flottent dans le bain de teinture, et il faut donc les maintenir immergées. Quand on a obtenu la teinte et l'intensité souhaitées, sortir l'œuf du bain et le tamponner avec un mouchoir en papier absorbant. Souffler dans l'œuf pour faire sortir la teinture qui a pu y pénétrer. La marche à suivre pour teindre les œufs avec des produits naturels est exposée pages 66 à 70. On y trouve des exemples de teintures pour le fond.

PEINTURE

Choisir un motif et le dessiner sur du papier. Le motif doit être adapté à la forme de l'œuf.

Pour peindre l'œuf, le tenir fermement dans la main. Recopier les contours du motif sur l'œuf (un papillon par exemple) avec un crayon à mine dure. Dessiner avec soin, car on ne peut pas gommer sur un œuf teint (la gomme laisse des traînées blanches). Pour ne pas bouger, poser le bras sur le bord de la table. Appuyer le petit doigt de la main qui tient le pinceau sur l'œuf pour pouvoir manipuler plus facilement le pinceau.

Pour ce travail, il faut prévoir des pinceaux de poil de martre de tailles différentes. On peut aussi utiliser des pinceaux de petit-gris moins onéreux.

Écologie

Veiller à n'acheter que des œufs de canards, d'oies et de dindes élevés en liberté. Si on souhaite consommer les œufs, il faut savoir que le temps de cuisson est plus long que pour les œufs de poules.

COUPLE DE COLOMBES, CHEVAL, CANARD

Aquarelle et peinture à l'eau sur œufs teints.

Le couple de colombes est dessiné à l'aquarelle sur fond bleu. Pour décorer les colombes blanches stylisées, on a tracé des lignes et des pois en relief avec de la peinture très épaisse. Les fleurs en haut et en bas sont la touche finale de la composition.

COUPLE DE COLOMBES SUR LA BRANCHE

Œuf peint en bleu à la peinture à l'eau.

Si l'œuf d'oie n'a pas pris très régulièrement la teinture, et qu'il présente des taches ou des rayures, on peut le peindre avec de la peinture à l'eau. Pour ce faire, planter une longue aiguille dans un gros morceau de pâte à modeler, et y piquer l'œuf. Avec un gros pinceau souple, étaler régulièrement la peinture sur l'œuf, de haut en bas.

PAPILLONS : MACHAON, PAON DE NUIT, COUPLE DE CANARDS

Peinture à l'eau sur œuf teint.

Ne pas oublier de nettoyer les œufs de canard avec de l'eau vinaigrée. Pour l'œuf de canard vert pâle (couple de canards) et l'œuf de dinde beige clair, étaler directement les peintures à l'eau avec divers pinceaux fins en poils de martre. La coquille des œufs de canard est très lisse et a des pores très fins (comme la porcelaine). Il vaut donc mieux ne pas trop diluer la peinture. Jusqu'à la pose du vernis, la peinture ne doit pas être en contact avec les doigts.

CAMÉLIA BLANC

Peinture du fond en dernier lieu.

Peindre les camélias sur un œuf de poule blanc pour que la fleur paraisse plus blanche. Peindre ensuite le fond.

CAMÉLIA ROUGE, COQUELICOT

Commencer par les teintes les plus claires, avec de la peinture à l'eau très diluée. Quand l'œuf est sec, peindre les traits plus foncés avec des couleurs de plus en plus épaisses.

Décorer à la peinture à l'huile

Matériel
Peintures à l'huile. Eau gazeuse, chiffon en coton, papier abrasif, pinceaux de poils de martre ou de petits-gris de différentes tailles. Papier fort pour les débutants.

Motifs d'animaux
Les motifs proposés dans ce chapitre conviennent particulièrement bien à la décoration des œufs. Ces décors ont pour thème les oiseaux : canards, oies, roitelet, fauvette, grèbe, pic.

Préparation
Nettoyer soigneusement les œufs (avec de l'eau gazeuse par exemple) pour faire disparaître toute trace de blanc d'œuf dans la coquille. Le nettoyage de l'intérieur de l'œuf est très important, car ce n'est qu'à cette condition que les couleurs pourront être lumineuses. Les restes de blanc d'œuf risquent de détruire les pigments des aquarelles. De plus les œufs mal lavés dégagent vite une mauvaise odeur qui peut anéantir toute la collection. Lisser la surface des œufs avec du papier abrasif, pour faire disparaître toute trace de graisse. Cette opération est capitale pour le travail de peinture qui suit car la couche de graisse empêche la peinture à l'huile d'adhérer. Frotter donc la coquille avec un chiffon en coton ou une petite éponge.

Marche à suivre
Le médaillon souligne la forme de l'œuf. C'est le cadre idéal pour les oiseaux, les oies et les canards.
On peut s'inspirer des motifs trouvés dans les magazines et les livres ou sur des photos, ou étudier l'anatomie des animaux dans la nature. Les illustrations des vieux livres de biologie sont souvent de qualité, détaillées et très fidèles à la nature.
Commencer par tracer une croix sur l'œuf pour situer le centre, puis dessiner le médaillon. Les débutants se serviront d'un patron en papier fort. Découper le patron, le poser sur la coquille et marquer les contours au crayon.

Écologie

Acheter de la peinture à l'huile à base de résine naturelle (magasins de produits naturels). La peinture à l'huile soluble à l'eau et à base d'huiles végétales est conseillée. Les produits nocifs pour la santé (térébenthine) sont donc superflus.

C'est au centre du médaillon que le motif est le plus difficile à dessiner. Il faut respecter le point central de l'œuf pour que le dessin soit harmonieux.

Dessiner directement sur l'œuf. Voici un truc très utile pour les débutants : dessiner le motif sur du papier calque fin (papeteries), retourner la feuille et décalquer directement le dessin sur l'œuf. Les motifs ainsi dessinés seront bien sûr raides et peu harmonieux car l'œuf n'est pas plat comme une feuille de papier. On peut créer un effet de volume en agrandissant les courbes et en allongeant les pointes ou les lignes verticales. On obtient de meilleurs résultats en s'exerçant un peu avant de dessiner le motif sur l'œuf.

Pour que le dessin soit parfaitement équilibré, il est parfois nécessaire de faire dépasser la queue ou les ailes du médaillon. Commencer donc par peindre le motif principal en transparence, sans trop étaler les couleurs. Peindre petit à petit le motif principal avec le pinceau, à traits fins. Cette technique permet d'appliquer plusieurs couches, car la couleur du fond n'est pas trop épaisse.

Laisser sécher la peinture environ huit jours. Travailler le fond à petits coups de pinceau, et laisser encore sécher.

Collages d'herbe, de fleurs et de feuilles

Matériel

Ciseaux, mouchoirs en papier, colle.

Sur des œufs déjà teints avec des produits naturels et recouverts de vernis, on applique des plantes trouvées soit dans son jardin, soit lors d'une promenade (respecter la nature et ne pas cueillir de plantes rares).

Marche à suivre

L' harmonie des couleurs des plantes et de l'œuf est déterminante pour la réussite de l'effet général.
Choisir ses plantes fraîches et les découper avec les ciseaux, en tenant compte de la composition du motif.
Pour mieux se rendre compte de l'effet, disposer les plantes sur la table avant de les coller, une par une, sur l'œuf.
Appuyer sur chaque plante avec un mouchoir en papier pendant quelques secondes pour bien les coller. Pour finir, recouvrir l'œuf de vernis. Utiliser un vernis craqueleur.

ŒUFS DÉCORÉS AVEC DES PLANTES

On trouve tout ce dont on a besoin dans la nature : des teintures et des plantes, un heureux mélange.

Coloration des œufs

En haut à droite : teinture d'herbe, décor de petites fleurs d'orchidées.
Au centre : teinture composée d'écorce de bourdaine et de garance, décor de boutons de dahlia.
À gauche : teinture foncée composée d'écorce de bourdaine et de garance, décor de fleurs séchées jaunes et de feuilles.
En bas : teinture brun foncé composée de roses trémières, de pelures d'oignon et d'achillée, décor de fleurs et de feuilles d'achillée.

Technique du batik

Outils

Restes de bougies ou cire à batik, petit réchaud, petit pot en fer, plusieurs boîtes de conserve de taille différente, papier absorbant ménager, outils pour appliquer la cire : tuyaux de plumes de poule ou d'oie, ou baguette en bois munie d'une épingle plantée à l'une des extrémités, petit entonnoir de 8 - 1 mm (voir dessin) acheté dans un magasin d'articles de bureau, un porte-plume et une plume, têtes d'épingles de différentes tailles.

On applique la cire sur des œufs non teints. Les endroits où on a appliqué la cire ne retiendront pas la teinture. On teint ensuite les œufs à froid, et on retire la cire.
Cette technique n'est pas seulement une tradition de l'industrie textile.
Parmi les œufs décorés au batik, on distingue des styles inspirés du folklore d'Europe de l'Est aux motifs et aux inscriptions caractéristiques.
Le principe de cette technique est toujours le même pour les trois, et seuls les outils d'application de la cire changent. La différence vient surtout du style de l'estampe.

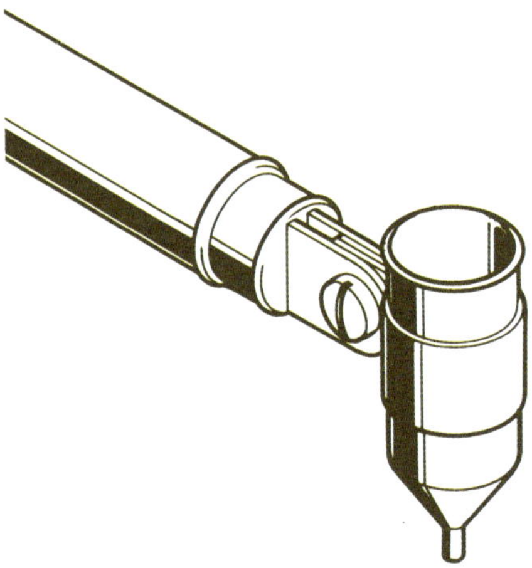

Technique

Pour l'application de la cire avec un tuyau de plume et une épingle, faire chauffer la cire dans une cuillère fixée au-dessus d'une bougie sans suie (voir schéma). Si on utilise un entonnoir, faire chauffer la cire au bain-marie en surveillant bien : remplir de cire une boîte de conserve et la mettre dans une grande casserole d'eau. Faire chauffer la casserole pour faire fondre la cire. Verser la cire dans l'entonnoir et l'appliquer sur l'œuf.
Dessiner le motif sur l'œuf à petits traits de crayon, et appliquer la cire le plus uniformément possible. Plonger l'œuf dans le bain de teinture froid jusqu'à ce qu'il ait pris la nuance voulue (si la teinture est tiède ou chaude, la cire fond). Sécher l'œuf avec un sèche-cheveux. La cire ramollit et on peut l'étaler facilement sur l'œuf avec un mouchoir en papier pour protéger la teinture.
Pour certains œufs ornés d'une devise ou d'un message, appliquer la cire avec une plume ou un entonnoir.
Tous les œufs présentés ici n'ont été teints qu'une seule fois. En appliquant plusieurs fois la cire et la teinture (commencer alors par des couleurs claires), on peut obtenir des nuances et des motifs intéressants.

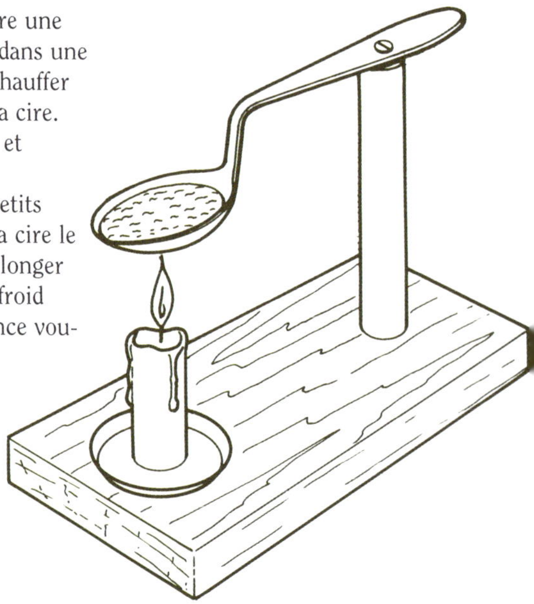

Décors au batik

Voici différents styles de décoration. Certains sont des motifs traditionnels. D'autres sont des motifs originaux

Coloration des œufs et conseils de style

De gauche à droite, de haut en bas : teinture composée de rose trémière et de mauve, motif d'Allemagne centrale. Œuf d'oie teint avec un mélange de noix et de rose trémière, motif original. Teinture pâle composée de racine de garance et de pelures d'oignon, motif d'Allemagne centrale. Teinture composée de thé du Paraguay et de rose trémière, motif d'Allemagne centrale. Gros œuf d'oie teint à la racine de garance, motif serbe. Œuf légèrement coloré au bois de santal, motif d'Allemagne centrale. Teinture composée de rose trémière et de racine de garance, motif d'Allemagne centrale. Teinture au thé du Paraguay, motif serbe. Teinture à la mauve, motif d'Allemagne centrale. Teinture à la racine de garance, motif original. Teinture à la racine de garance, motif original. Les œufs d'une seule couleur ont été teints avec des pelures d'oignon.

Décors de fleurs et d'animaux

Oeufs décorés de motifs d'animaux selon la technique de l'aquarelle.

Matériel

Aquarelles, pinceau fin, crayon à mine tendre, mouchoirs en papier.

Coloration des œufs

En haut : œuf d'oie ; teinture composée de rose trémière et de clous en acier. **De gauche à droite :** teint au thé du Paraguay ; teint à l'achillée ; teinture aux mûres sauvages ; et encore, teinture aux mûres sauvages.

Peinture suivant l'exemple du hérisson

Dessiner le hérisson sur un morceau de papier calque et découper. Décalquer la tête et redessiner les contours avec un crayon à mine tendre. Décalquer le corps et redessiner les contours. Dessiner les oreilles, les yeux et le museau. La couleur de base du hérisson, le brun, est aussi la couleur de l'œuf teint. À petits traits de pinceau (voir photo), peindre de haut en bas avec des aquarelles brun roux, brun foncé, et un peu de noir. Sur le museau, sur les côtés et au sommet de la tête, ajouter quelques traits blancs discrets. Peindre les yeux en noir en laissant un point brun au centre. Peindre les oreilles et le nez en brun très foncé. Laisser sécher un moment. Peindre quelques petits éléments de décor : herbes, feuilles, papillons, fleurs puis vernir.

COLORATION DES ŒUFS

Technique de peinture

Ces œufs ont d'abord été teints pour que leur couleur s'harmonise à celles des motifs. On peut aussi utiliser des œufs non teints.

Marche à suivre

Il est préférable de tenir les œufs dans un mouchoir en papier pendant le tracé du motif et la peinture. Le cas échéant, dessiner les contours des motifs à petits traits de crayon avant de commencer à peindre.

On peut appliquer toutes sortes de techniques de décoration : à l'encre et à la plume, au pinceau et à l'aquarelle ou aux crayons pastels qui s'harmonisent le mieux avec les teintures naturelles. Une fois la peinture achevée, recouvrir toujours les œufs d'une couche protectrice (voir page 58).

Écologie

Choisir des aquarelles qui portent le label "CE".

Oeufs décorés de ramages de plantes peints à l'aquarelle.

Les trois œufs sont teints dans un bain de racine de garance pour leur donner une teinte pâle et chatoyante.
Les œufs sont décorés de branches de mûriers, de pois de senteurs et d'églantines peints à l'aquarelle.

Silhouettes découpées

Les œufs décorés de silhouettes découpées sont répandus surtout dans les pays des Balkans. En Pologne, on trouve de très beaux découpages de toutes les couleurs. Dans la région de Berne (Suisse), les silhouettes découpées sont un art populaire traditionnel. Il s'agit souvent d'images grand format qui représentent des scènes pastorales.

Matériel

Papier pour ombres chinoises, noir d'un seul côté, papier à origami, papier de couleur, rubans multicolores. Ciseaux pointus, colle, pinceau fin, crayon à mine tendre, couteau, pince, règle.

Grâce à l'épaisseur de leur coquille, les œufs d'oie et de canard sont faciles à travailler. Si on utilise des œufs teints, le contraste entre la couleur du motif et celle de la coquille doit être assez puissant pour créer l'effet souhaité.

On utilise ici du papier pour ombres chinoises teint en noir d'un seul côté. On peut le remplacer par du papier de couleur ou du papier à origami. Dans le commerce, on trouve des ciseaux spéciaux pour les ombres chinoises, à longues branches et à tranchant court. Les petits ciseaux à ongles conviennent aussi très bien.

De la colle transparente, un crayon à mine tendre et éventuellement un cutter pour les découpes internes complètent la liste du matériel.

Marche à suivre

DESSIN

Tracer une esquisse du motif choisi au dos du papier. Veiller à ce que le dessin soit visible par transparence (ceci est particulièrement important pour les lettres). Commencer par un petit motif adapté à la forme de l'œuf. Pour voir tout de suite si le motif convient bien à la forme de l'œuf, le reproduire sur une feuille de papier, et plier la feuille en deux. Une fois qu'on a acquis suffisamment de pratique, on peut concevoir son motif sans passer par cette étape.

DÉCOUPAGE

Pour que l'image soit plus solide, commencer toujours par les découpes internes, et finir par les contours. Pour les découpes particulièrement précises, prédécouper les lignes en perçant des petits trous avec une épingle pour éviter de déchirer son dessin. Les coins doivent toujours être découpés très proprement, de façon à ce que l'image se détache facilement, sans se déchirer.

COLLAGE

Avec un pinceau fin, appliquer soigneusement la colle transparente au dos du papier. Une fois sèche, la colle doit être parfaitement incolore et invisible sur l'objet décoré. Pour que l'image découpée tienne bien, il ne doit pas rester de trace de gras sur la coquille. Nettoyer donc minutieusement l'œuf et le frotter avec du papier émeri d'un grain très fin.

PISSENLITS ET PAVOTS, ŒUFS D'OIE BLANCS

Ces fleurs des champs sont toutes simples. Grâce au jeu d'ombres et de lumière et à quelques touches de couleur, on obtient une image pleine de charme.

CHATON, ŒUF D'OIE BLANC

Utiliser du papier de couleur fin, mais résistant à la déchirure, et travailler avec des ciseaux pointus et bien aiguisés. On peut ainsi découper avec précision les motifs les plus délicats. La ligne rouge du fil de laine fait le tour de l'œuf. Les guirlandes de fleurs, en haut et en bas, encadrent le motif.

CIGOGNES, ŒUF D'OIE BLANC

La cigogne qui revient du Sud et les nénuphars en fleurs annoncent le printemps. La cigogne, qui est en réalité noire et blanche, constitue le motif principal de cet œuf. Ses pattes et son bec sont découpés dans du papier rouge.

On a représenté des cigognes en vol et des plantes aquatiques tout autour de l'œuf.

Table de Pâques

Tous les œufs de cette table sont teints dans un même bain de teinture (garance). Leur couleur est mise en valeur par quelques œufs blancs

Lorsqu'on débute, il vaut mieux ne choisir qu'une seule teinture. Selon la longueur du temps de trempage, on obtient une infinité de nuances différentes. Les couleurs peuvent être assorties à la nappe, à la vaisselle, aux serviettes de table, aux bougies etc.

Préparation

Préparer le bain de teinture plusieurs jours avant le dimanche de Pâques pour avoir tout le temps de préparer la fête tranquillement. Si on oublie de le faire, on peut encore préparer le bain de teinture juste avant de s'en servir. Important : pour les œufs destinés à être mangés, faire attention aux additifs.

VARIANTE

Pour le jour de Pâques, on peut offrir une corbeille pleine d'œufs teints avec des produits naturels, ajouter peut-être quelques fleurs dans le même camaïeu, ou poser un pot de primevères au centre de la table.

Chandelier de Pâques

Dans certaines régions d'Europe de l'Est, le chandelier est un objet de Pâques traditionnel. Celui-ci est en bois de bouleau.

Coloration des œufs

L'œuf du sommet est teint avec un mélange de racines de garance et d'écorce de bourdaine.

Sur la branche supérieure, de gauche à droite :
teinture à base de feuilles de noyer et de rose trémière ; teinture à base de racines de garance, de pelures d'oignon et d'un peu d'écorce de bourdaine.

Branche inférieure :
Tous les œufs sont plongés plus ou moins longtemps dans un bain de racine de garance.

En bas, de gauche à droite :
Teinture à base de noix et de rose trémière ; œuf teint à froid dans une décoction de racine de garance et de pelures d'oignon ; teinture d'achillée ; teinture de camomille ; teinture au thé du Paraguay.

On peut facilement construire soi-même ce chandelier de Pâques en s'inspirant de la photo.

Piquer les œufs sur des clous sans tête.

Couronne de Pâques

Une couronne décorative à accrocher sur une porte ou sur un mur.

Coloration des œufs

Tous les œufs sont teints dans un mélange de pelures d'oignon et de rose trémière. On trouve des couronnes et des accessoires de Pâques dans les boutiques de fournitures pour travaux manuels. On peut aussi fabriquer soi-même la couronne avec des rameaux de bouleau.

Mobile de buis

Il suffit de changer les accessoires pour que cet objet devienne un mobile de Noël. Ici les éléments viennent d'Europe de l'Est : le pain et les biscuits décorés de motifs pascals, et le rameau de buis.
Les œufs sont d'abord teints avec de la racine de garance, puis peints.

Matériel

1 planchette de contre-plaqué de 12 x 44 cm pour la base, percée de deux trous (faits à la vrille) de chaque côté pour le fil de fer, et d'un trou de 1cm de diamètre au centre pour la baguette verticale ; 1 baguette de bois d'1 cm de diamètre et de 50 cm de long (baguette verticale centrale) ; 1 baguette de 0,2 cm de diamètre et 50 cm de long (baguette horizontale), environ 2,50 m de fil de fer non gainé de 0,2 cm de diamètre, du fil de fer vert de 0,3 mm, des branches de buis.

Marche à suivre

Faire passer le gros fil de fer dans les deux trous d'un côté de la planche (A), et rassembler les deux morceaux de fil en formant une torsade (B). Faire passer l'un des deux fils dans les deux trous d'en face et fermer la boucle en y enroulant le second fil (C). Insérer la grosse baguette au sommet de l'arc, entre les fils de fer, et la coller dans le trou central de la planche (D). Glisser la petite baguette horizontalement entre les fils, et l'attacher avec du raphia ou du fil de fer sur la baguette verticale (E). Décorer d'œufs fantaisie et de friandises de Pâques.

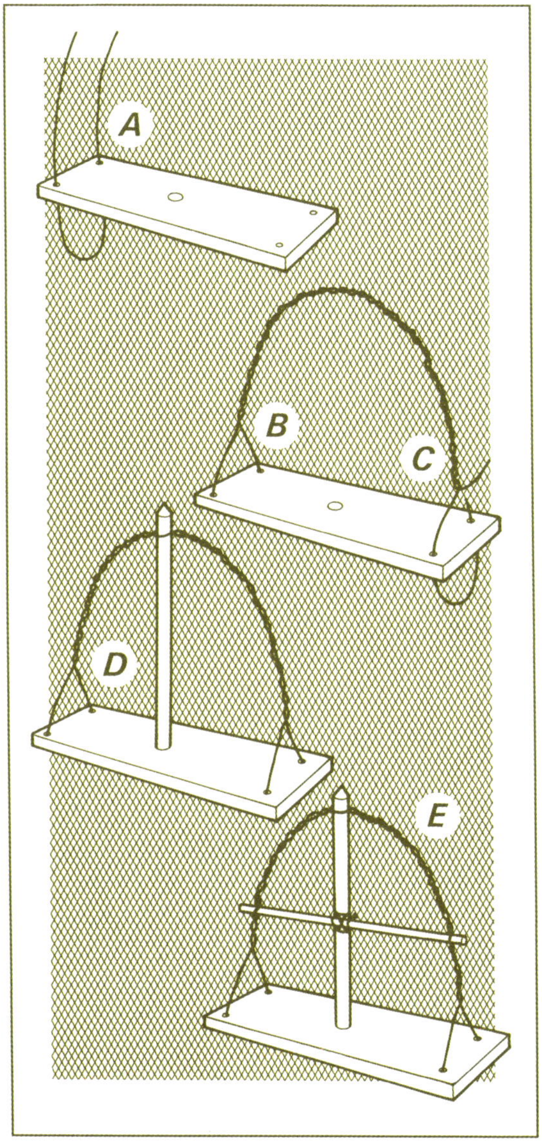

COMPOSITIONS FLORALES

Nid de Pâques fleuri

Si le printemps se fait attendre et que l'hiver semble trop long, on peut créer un climat ensoleillé dans son appartement. Les fleuristes proposent toute une palette de fleurs. On trouve des tulipes de toutes les couleurs, simples ou doubles et des narcisses jaunes et blancs, simples ou doubles, à grandes ou à petites fleurs, à plusieurs branches, avec ou sans bourgeons. Les jacinthes, très parfumées et à fleurs magnifiques, sont un peu plus petites. En général, les oignons de printemps sont vendus par trois ou par cinq, rarement à l'unité. Pour les petites compositions, on peut les séparer, mais il est cependant préférable de les laisser ensemble. Ainsi, les fleurs seront toujours aussi belles l'année suivante, car les racines auront pu se développer normalement.

Il ne faut pas négliger les petits oignons de printemps qui peuvent donner des plantes d'une vingtaine de centimètres. Les plantes sauvages et les espèces à grandes fleurs comme les crocus, les jacinthes-des-bois, les muscari, les iris et les scilles en font partie. Entre les oignons, il reste de la place pour les plantes biennales comme les pensées, les violettes, les myosotis et les amarantes. Il ne faut pas oublier les arbustes. La famille des primevères, qui forment des touffes, est particulièrement importante. Chez les fleuristes, on trouve aussi des plantes de rocailles comme les pulsatiles et les saxifragées. Les arbustes donnent des compositions plus variées.

Avant de commencer, préparer des récipients pour les plantes. On trouve tout ce qu'il faut dans ses placards, et on peut utiliser toutes sortes de corbeilles, bols, jattes, boîtes et cageots usagés. Nous avons opté pour les paniers et les cageots. Ils doivent être parfaitement étanches pour qu'on puisse les installer dans une pièce, et il faut parfois les tapisser d'un film imperméable (un sac en plastique ou un sac poubelle par exemple). Tester leur étanchéité en y versant de l'eau avant d'y planter les fleurs. Si le récipient ne fuit pas, on peut commencer.

Écologie

Rassembler toute l'année des récipients étanches (boîtes à biscuits, jattes, bols etc.) et les utiliser pour Pâques. Veiller à ce que les sacs poubelle portent le label "respecte l'environnement" et que le plastique soit recyclable.

Écologie

On peut garder les restes de plantes pour faire du compost.

Couronne à suspendre

Matériel

Couronne : genêts
Habillage : buis et touffes d'herbes sèches
Décoration : larges rubans de jute écrus, nid en osier avec des œufs, accessoires de Pâques.
Cisailles, fil de fer.

Marche à suivre

Former une couronne avec les genêts et fixer les extrémités avec du fil de fer.
Confectionner des petits bouquets d'herbes sèches et les fixer sur les rameaux de buis.
Recouvrir la moitié de la couronne de rameaux de buis en attachant chaque bouquet avec du fil de fer.
Enrouler le ruban de jute autour des genêts, fixer deux nœuds de jute et un ruban pour suspendre la couronne. On peut ensuite décorer cette couronne avec un nid en osier et diverses figurines en bois, accessoires de Pâques.

Nid de blé

dans demi-coquille ou 3/4 de c.

Matériel

Panier, récipient étanche ou vieux sac en plastique, gravier, terreau, osier, blé ou orge (semences).

Décoration : ruban de lin, œufs dans un nid en osier, accessoires de Pâques : poussins et lapins en bois ou autres figurines.

Marche à suivre

Placer une couche de gravier de trois à cinq centimètres d'épaisseur dans un pot de fleurs étanche, ou directement dans la corbeille tapissée d'un sac en plastique. Remplir la corbeille de terreau à ras bord. Planter les graines, tasser la terre et arroser. Poser la corbeille près d'une fenêtre et arroser régulièrement. Au bout d'une quinzaine de jours un épais duvet vert s'est formé.

On peut maintenant décorer la corbeille avec des petits œufs dans un nid d'osier par exemple.

Placer enfin les poussins et le lapin en bois, et faire une rosette décorative avec le ruban de lin brut.

Écologie

Examiner la composition du terreau avant de l'acheter. Choisir des produits contenant au moins 50 % de tourbe à base d'humus d'écorces ou de compost.

Corbeille de fleurs printanières

Matériel
Panier, pot en céramique, foin ou paille, pique-fleurs en métal (boutiques de jardinage ou fleuristes), gravier.
Fleurs : tulipes, petites jacinthes-des-bois, narcisses
Décoration : buis, branches de cornouiller sanguin.

Marche à suivre
Pour protéger le panier de l'humidité, placer un récipient en céramique. Remplir de paille ou de foin l'espace entre le pot et le panier. Poser le pique-fleurs dans le pot et bien le caler avec le gravier. Arranger les fleurs et les branches. Verser chaque jour de l'eau dans le pot pour que la composition tienne plus longtemps.

Jardin de Pâques

Matériel

Cageot à légumes, sac poubelle, terreau végétal, gravier.
Plantes : narcisses, hortensias, primevères, petites jacinthes-des-bois, jacinthes blanches, foin.
Décoration : large ruban de papier bleu, œufs, accessoires de Pâques.

Marche à suivre

Tapisser le cageot avec le sac poubelle en veillant bien à le recouvrir de plastique jusqu'en haut. Pour éviter les fuites, alterner plusieurs couches de drainage de gravier et de terre. Planter les fleurs dans le cageot et décorer en disposant du foin entre les plantes. Nouer enfin le large ruban bleu tout autour du cageot. Si on veut, on peut disposer des œufs et des accessoires de Pâques dans ce jardin miniature.

Corbeille de bambou

Matériel

Panier, feuilles de bambou séchées (ou autre feuillage), récipient étanche ou vieux sac en plastique, terreau végétal, graviers.
Fleurs : jonquilles, pieris (arbuste d'ornement de la famille du romarin), pulsatilles, primevères...
Accessoires : branches de cornouiller sanguin, foin.
Décoration : œufs, figurines de Pâques
Fil de fer (facultatif).

Marche à suivre

Tapisser le panier de feuilles de bambou séchées. Introduire l'extrémité des feuilles dans le treillis du panier, couche par couche pour que la composition soit plus solide. Si le panier choisi pour ce travail ne s'y prête pas, fixer les feuilles de bambou dans le treillis, par petits bouquets. Dans le récipient étanche ou dans le panier tapissé d'un vieux sac en plastique, faire une couche de drainage avec du gravier, puis alterner deux couches de terre et une de gravier. Disposer les plantes à fleurs dans le panier. Fixer les branches de cornouiller sur les côtés. Disposer les bouquets de foin de façon à ce qu'ils dépassent un peu du bord du panier. Décorer enfin la corbeille de fleurs avec un œuf et deux poussins en bois ou avec d'autres figurines de Pâques.

Boules de mousse

Il ne faut pas ramasser de mousse dans la forêt si on veut respecter la nature. On en trouve chez les fleuristes ou dans les magasins de jardinage. Il s'agit en fait de mousse de culture.

Matériel

Un plateau
Support : marécagine (mousse des marais)
Couches supérieures : bardane
Décoration : mousse verte, coralline (couverte de petites baies rouges au printemps), plante verte grimpante (lierre par exemple), acanthe (fleuristes).
Accessoires : billes, plumes multicolores.
Fil de fer, baguette de bois.

Écologie

Certaines plantes des forêts et des marais utilisables pour ces travaux de bricolage (mousses, chatons de saules ou chardons argentés par exemple) sont protégées. Il ne faut donc pas les cueillir mais les acheter chez un pépiniériste !

Marche à suivre

Former une boule de marécagine parfaitement ronde en travaillant avec les deux mains.

Consolider la boule de mousse avec du fil de fer. Si elle est trop petite, ajouter et fixer une autre couche de marécagine.

Fixer les grosses plaques de mousse sur la boule avec du fil de fer fin.

Piquer du lierre et de la coralline sur la boule à l'aide de la baguette en bois.

Placés devant une fenêtre pas trop ensoleillée, le lierre et la coralline peuvent continuer à pousser sur la boule de mousse. Si on les asperge d'eau tous les jours et si on les arrose chaque semaine, on fournit aux plantes les conditions de croissance idéales, et la mousse reste verte plus longtemps. Les coupelles de couleur ne servent pas seulement de décoration ; elles empêchent l'eau de couler.

Une boule un peu extravagante, présentée sur une soucoupe émaillée rose et entourée de laine et d'herbes (acanthe).

Pique-nique printanier

Matériel

Mallette en osier, récipient étanche ou sac poubelle, terreau végétal, gravier.
Plantes : assortiment de plantes en camaïeu : renoncules, anémones, et différentes sortes de primevères.

Marche à suivre

Installer une couche de drainage composée de graviers ou de morceaux de verre dans le tiers inférieur du récipient étanche ou de la mallette tapissée d'un sac poubelle. Si on utilise un sac poubelle, veiller à ce que le gravier ne le transperce pas quand on plante les fleurs.
Mettre le terreau sur la couche de drainage et planter les fleurs.
Disposer les plantes en commençant par planter les plus grandes au centre et au fond du panier. Sur les bords, installer les plantes de petite taille. Arroser de temps en temps.

Mallette en osier tapissé d'un sac-poubelle. Couche de drainage en gravier.

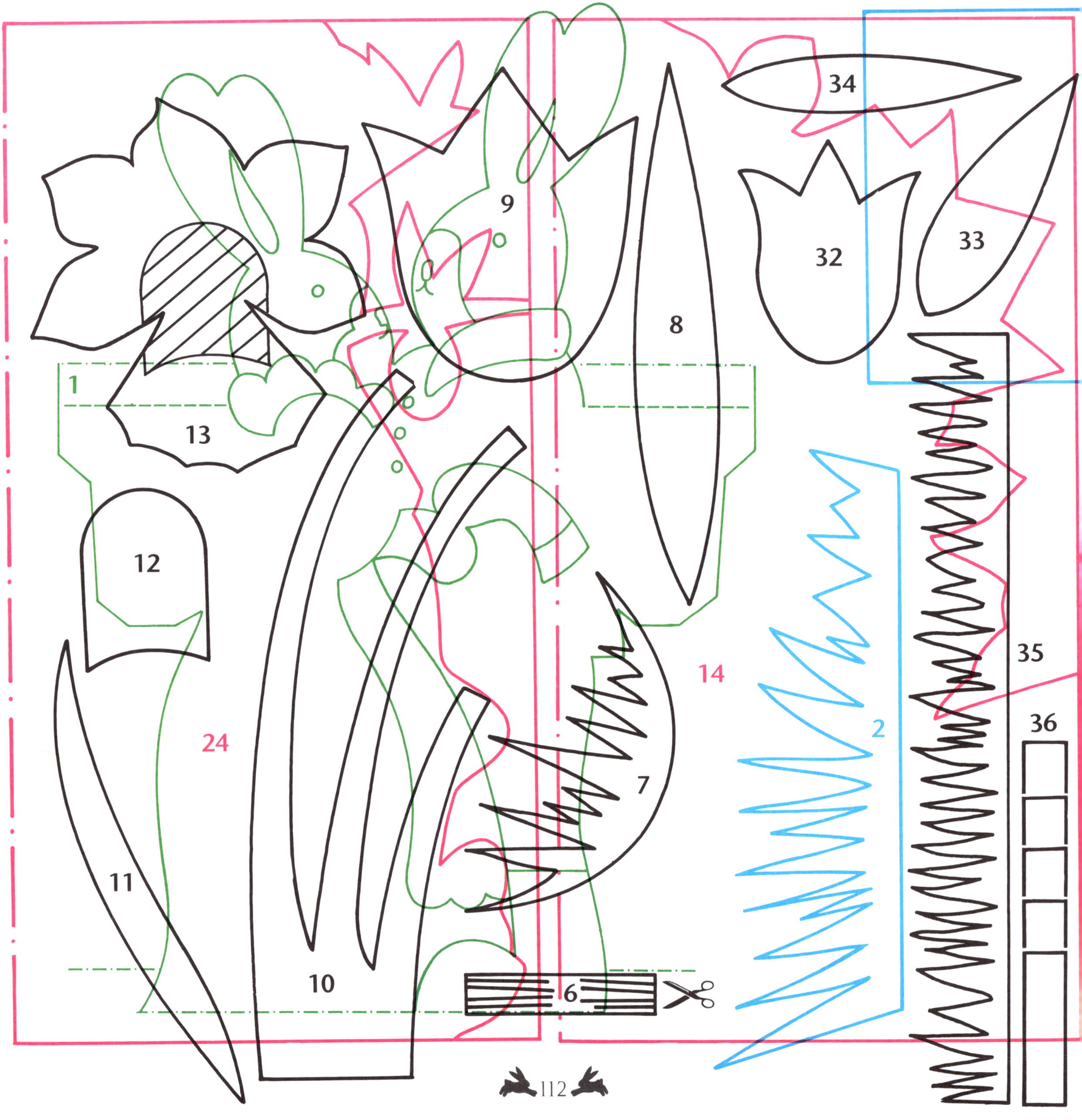
34
33
32
9
8
1
13
12
35
14
7
2
24
36
11
10
6

37
23
21
27
25
26
20
37
22
18
28
29
17
3
4
31
5
19
30
16
15

45
52
54
55
56
51
39
40
41
47
38
42
46
58

63
62a
64
62c
62b
61
57
60
59
49
43
50
53
44

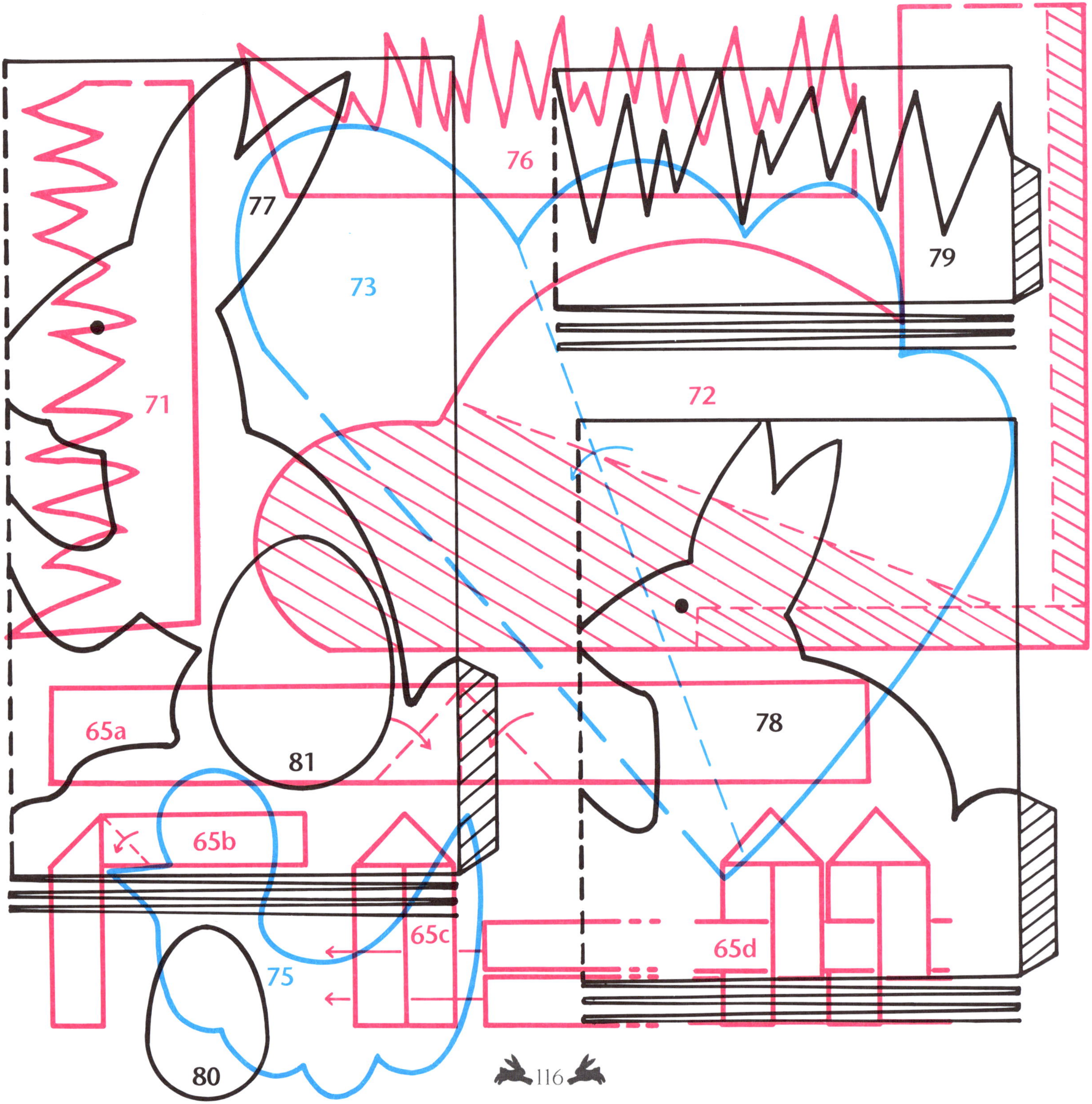
76
77
79
73
71
72
78
65a
81
65b
65c
65d
75
80

92
91
93
90
68
84
88
66
89
74
82
67
69
85
70
83
87
86

98
118
104
105
115
116
119
96
114
97
120
94
95

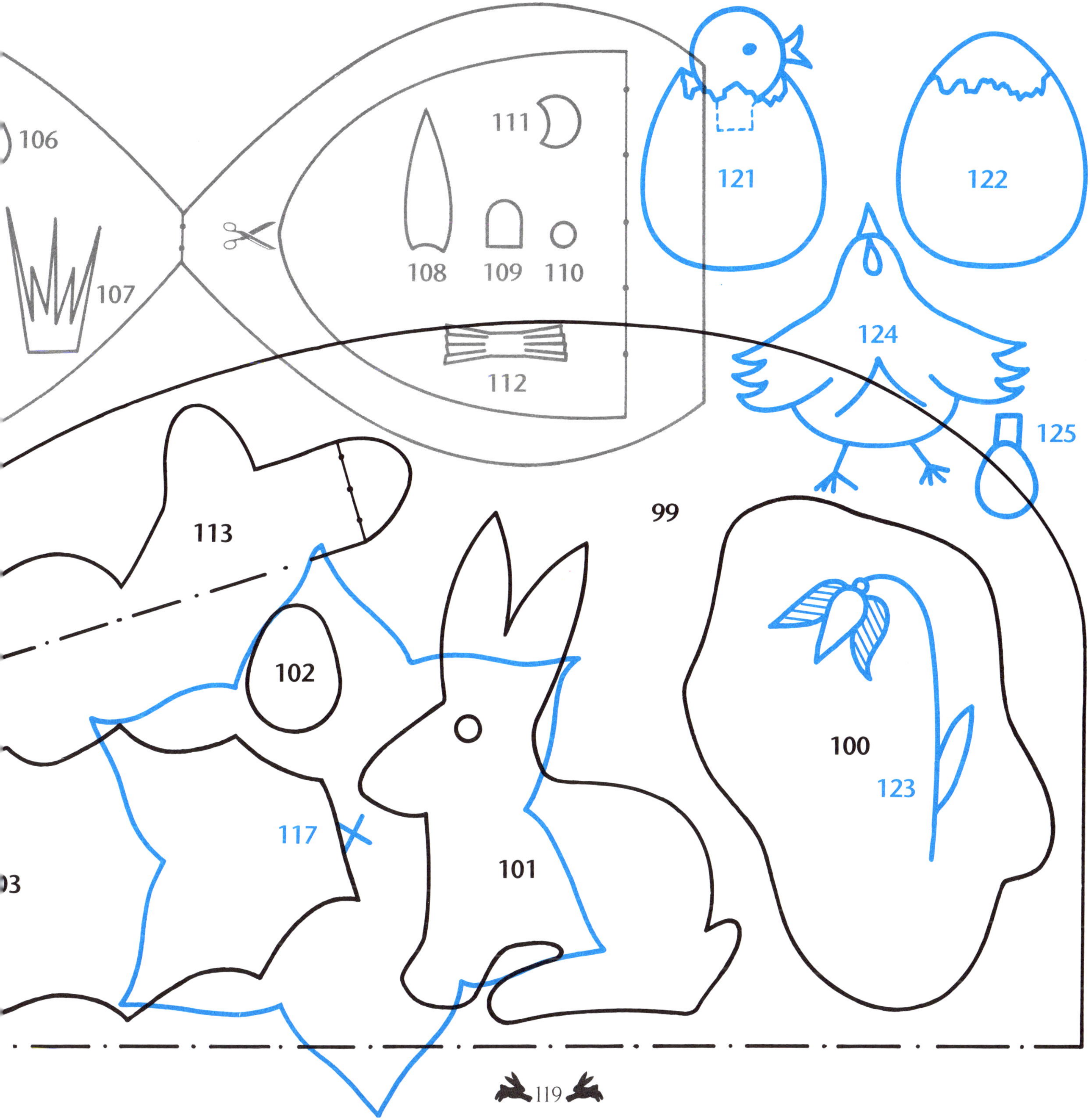
106
107
111
108
109
110
112
121
122
124
125
113
99
102
100
123
117
101

126
127
150
128
147
129
140
145
141
142

130
134
135
137
148
131
136
138
132
139
133
143
149
146
144
151

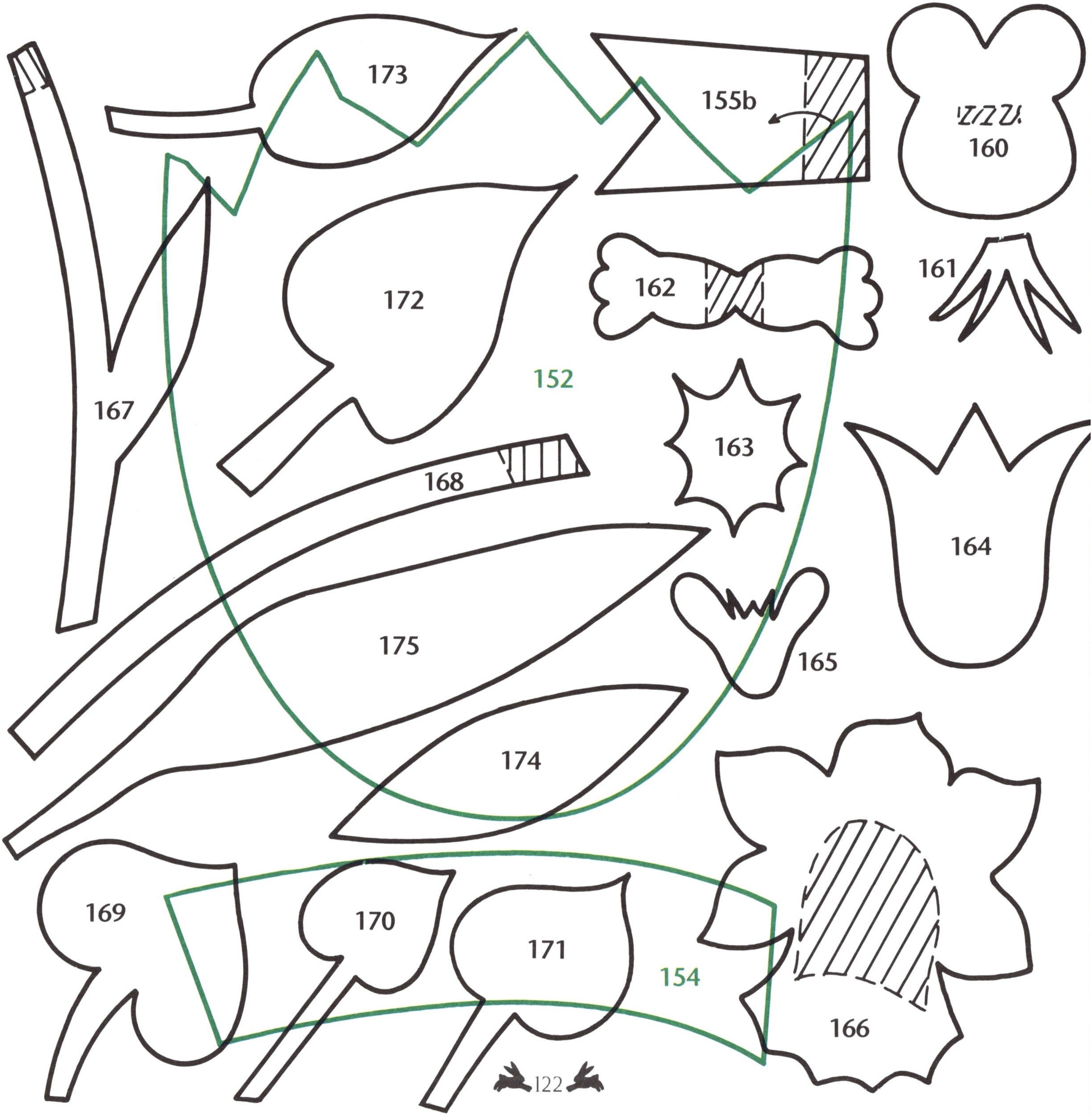
173
155b
160
161
162
172
167
152
163
168
164
175
165
174
169
170
171
154
166

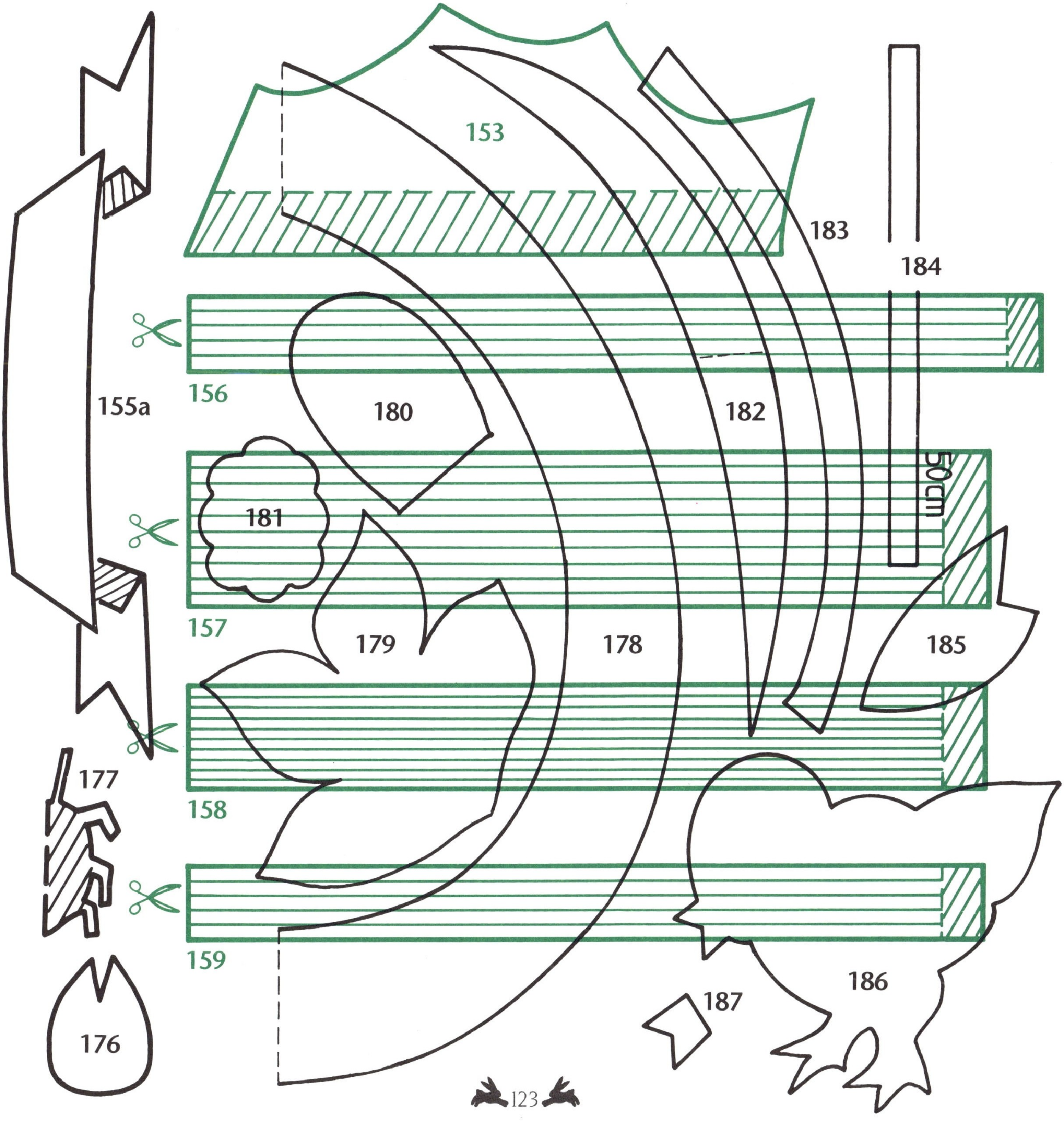
153
183
184
156
155a
180
182
50 cm
181
157
179
178
185
158
177
159
186
187
176

188
193
192
195
196
194
190
200
197
189

191
201
198
199

Liste des auteurs

Cornelia Benz, pages : 34 - 39
Doris Braschler, pages : 84, 85
Margarete et Herbert Glas, pages 66 - 71, 78 - 83, 88, 89
Ruth Herrmann, pages 96, 100, 102, 104, 106, 110
Rolf Jensen, pages 12 - 15
Angela Jensen-Markhoff, pages 44, 45
Koristka, pages 94, 107 - 109
Koristka/Ruth Herrmann, page 98
Ute Pohl, pages 56 - 65
Heidi Puschmann, pages 52, 53
Ursula Ritter, pages 16 - 20, 22 - 33, 40 - 43, 47 - 51
Herta Rüdisühli, pages 72 - 75
Eva Rüscher, pages 21, 46
Maria Schneider, pages 76, 77
Frauke Sinnwell, pages 86, 87, 90, 91

Crédit photographique

Rolf Jensen, pages 12 - 15
Roland Krieg, pages 17, 29, 33, 35 - 39, 43
Jarosch, pages 98, 99
Stork, pages 92/93, 95, 97, 101, 103, 105, 107- 111
Peter Nielsen, page de garde, 10/11, 54/55
Ulrike Schneiders : toutes les autres photographies

Illustrations

Anne Marie Friedel, pages 16, 28, 30, 34, 35, 42, 44, 80, 90
Rolf Jensen, page 12
Heidi Puschmann, page 52

Traduit de l'allemand par Anne Le Tetour
Titre original : Das Oster-Bastelbuch

Dépôt légal : avril 1996
ISBN 2-215-02031-8

Imprimé en France par Pollina, 85400 Luçon - n° 69390
4e édition

FLEURUS IDÉES

Des guides pour

2. Bouquets secs
3. Préparer vos fêtes
4. Tables des grands jours
9. Un Noël plein d'idées
12. Décorer au pochoir
13. Papiers
14. Des idées papier mâché
15. Plein d'idées pour les fêtes
16. Papiers plein d'idées
17. Nouvelles idées pour Noël
18. Plein d'idées pour la maison

Mille-pattes

1. Pliages : contes et fables en origami
5. Déguisements pour les petits
6. Petits loups, petits masques
8. Châteaux de sable
9. Les goûters du mercredi
11. Fleurs séchées
13. Chapeaux de fête
14. Maquillages d'enfants
15. Petits modèles en pâte à sel
16. Animaux en papier
17. Théâtre en papier d'hier et d'aujourd'hui
18. Animaux au crochet
19. Bateaux en bouteilles
20. Petits cadeaux à ma façon
21. Pliages/2 : histoires à raconter
23. Costumes du temps jadis
24. Masques et parures en papier crépon
26. Œufs décorés
28. Perles, perles, perles
29. Bébêtes-mousse
30. Jeux de société
32. Cartes de vœux en soie
33. Croque-circus : Une fête à croquer
34. Costumes fantastiques
35. Maxi-pliages pour jouer et décorer
36. Jeux de plein air autour des planètes
37. Boîtes-mystères en papier et carton
39. Badges branchés en tissu peint et brodé
40. Coiffures et maquillages
41. Costumes nature
42. Pâtes à modeler multicolores
43. Bolides tout-terrain
44. Petits ouvrages en patchwork
45. Pliages 3 : Alice au pays d'Origami
46. Théâtre d'ombres
47. Modelages
48. Têtes surprises
49. Coiffes qui décoiffent
50. Coquillages et galets peints
51. Œufs en fête
52. Petites bêtes en papier
53. Bijoux fantaisie en perles rocaille
54. Personnages naïfs en pâte à sel
55. Sport et nature en pâte à sel
56. Animaux et acrobates en pâte à sel
57. Bricolages de carton
58. Masques d'animaux en carton souple
59. Déguisements surprises
60. Sculptures de papier
61. Papier fait à la main
62. Petits modèles en bois
63. Papier mâché inattendu
64. Pliages de dinosaures
65. Collages de perles rocaille
66. Petits santons en pâte à sel
67. Patchwork rapide
68. La pâte à sel, c'est facile
69. Fêtes enfantines
70. Déguisements d'un jour pour les petits
71. Petit monde de papier
72. Trésors des papiers collés
73. Animaux en carton ondulé
74. Patchwork et appliqué pour Noël
75. Boules de Noël
76. Tout décorer à la cuve
77. Peinture sur soie : premiers modèles

Atelier

(pour les 6-12 ans)

1. Je dessine
2. Je peins
3. J'imprime
4. Je fabrique des cadeaux
5. Je photographie
6. Je filme en vidéo
7. Je me déguise en trois coups de ciseaux
8. Je sculpte de drôles de trucs

Le mercredi des petits

1. Cadeaux surprises
2. Mes animaux en pâte à sel
3. Desserts malins
4. Pâte à sel en fête
5. Noël, Noël !
6. Petits plats malins
7. Mini-mousse pour maxi-trucs
8. A vos masques !
9. L'herbier
10. Bouquets nature
11. Ma crèche en pâte à sel
12. Maquille-toi !
13. Jeux de Pâques
14. Tout en carton ondulé
15. Fleurs en papier crépon